D1727163

MIT HAUBE UND HACKE

Fiona J. Houston

MIT HAUBE UND HACKE

LANDLEBEN WIE IN ALTER ZEIT
· 1792 ·

Aus dem Englischen
von Isabelle Fuchs

GERSTENBERG

Für A.M.
In memoriam

INHALT

ANMERKUNG ZU DEN REZEPTEN Viele Rezepte in diesem Buch stammen aus dem 18. Jahrhundert. Sie enthalten keine genauen Maßangaben, sondern Bezeichnungen wie »1 Prise Salz« oder »1 Handvoll Kräuter«. Meist hatte man keine Waage und die Mädchen lernten kochen, indem sie ihren Müttern über die Schulter schauten. Glücklicherweise hat sich die Größe unserer Hände seit dem 18. Jahrhundert nicht sonderlich verändert. Sie müssen sich auch nicht strikt an die Rezepte halten. Begreifen Sie sie als Richtlinie und experimentieren Sie selbst.

WILDPFLANZEN SAMMELN Vergewissern Sie sich, dass Sie alle Pflanzen kennen, die Sie pflücken; meiden Sie Gebiete neben stark befahrenen Straßen und waschen Sie alle Kräuter und Blüten vor dem Gebrauch sorgfältig. Viele essbare Blüten und Pflanzen sehen giftigen Arten zum Verwechseln ähnlich, die Fotos in diesem Buch reichen zur genauen Identifizierung nicht aus. Reißen Sie Wildpflanzen niemals mit der Wurzel aus und stören Sie keine Waldtiere.

Innerleithen, das Dorf, vom Weg zu meinem Cottage aus gesehen.

Die schottische Nationalblume.

Zwei meiner Hennen.

KAPITEL 1
»Versuche es doch!«

1. Januar 2005

Der Wind pfiff die ganze Nacht um das Cottage. Ich konnte nicht schlafen. Die Schindeln auf dem Dach bewegten sich hin und her und der Kamin heulte. Meine mit Wolle gefüllte Matratze fühlte sich seltsam an, als ob man auf dem offenen Meer auf einer Koje schaukeln würde. Es war kalt, doch irgendwann döste ich ein. Als ich aufwachte – ich weiß nicht, um wie viel Uhr – war es stockfinster. Ich bin Dunkelheit gewöhnt, aber die Fenster sind winzig. Ich hatte die Fensterläden zum Feld hin geschlossen, aber an der nächsten Ecke gibt es noch ein Fenster. Das Sternenlicht zwischen den windgepeitschten Wolken drang nicht bis zu meinem Bett vor, das wie ein Kasten abgeschlossen war.

MIT DER ZEIT lernte ich, die unterschiedlichen Grauabstufungen zu erkennen, die eine wolkenverhangene, eine klare Nacht und den Beginn der Dämmerung kennzeichnen. Ich gewöhnte mich daran, bei völliger Dunkelheit aus dem Bett zu steigen und in einen Eimer zu urinieren. Doch in jener ersten Nacht traute ich mich kaum, meinen Fuß auf die Kiste vor dem Bett zu setzen und den Fußboden zu betreten. Ich stolperte zum Kamin und sah eine schwache Glut. Ich würde in dieser Finsternis weder den Holzkorb finden, noch ein Scheit nachlegen können, deshalb tastete ich mich zum Bett zurück, vergrub mich unter der Decke und wartete auf das Tageslicht.

Was hatte mich in dieses dunkle, kalte Cottage gebracht? Das ist eine Geschichte, die mein ganzes Leben umfasst. Ich verkläre die Vergangenheit nicht, doch sie fasziniert mich. Zusammen mit meinem Vater und »Onkel Arthur«, einem Freund der Familie, dessen Leidenschaft für Archäologie uns alle ansteckte, habe ich seit frühester Kindheit Feldbegehung betrieben und nach Zeichen früherer Besiedelung gesucht. Ich bin in Lincolnshire aufgewachsen, einer Grafschaft, die von Römerstraßen durchzogen ist und in der die Angeln Spuren hinterlassen haben: nicht nur durch Ortsnamen, sondern auch durch Urnen; zwei davon habe ich mitausgegraben, als ich sieben Jahre alt war. Das hat mich nachhaltig geprägt. Es weckte mein Interesse für

Menschen, die vor uns da waren. Ich fand die alten Keramikscherben spannend. Gemeinsam mit einer Tonpfeife, die ich in unserem Gemüsegarten ausgrub, bildeten sie meine erste Sammlung. Diese einfachen Gebrauchsgegenstände faszinierten mich mehr als die Könige und Königinnen in meinen Geschichtsbüchern. Ich dachte über die Menschen nach, denen sie gehört hatten. Wie lebte eine Frau in der Eisenzeit im römischen Britannien oder ein Gärtner im 18. Jahrhundert, der seine Pfeife zerbrochen hatte? Als ich als Erwachsene nach Schottland reiste, war es für mich selbstverständlich, nachzuforschen, wie normale Menschen dort gelebt hatten, bevor die Industrielle Revolution die Landschaft für immer veränderte.

Ich habe jahrelang verfallene Bauernhäuser in den Highlands und Fundamente grasüberwachsener Steinhäuser, die in den Lowlands vor 1800 verbreitet waren, untersucht. Ich habe Trödelläden nach antiken Haushaltsgegenständen durchforstet, Bücher gelesen, Zeichnungen und Gemälde betrachtet, die Hinweise auf einstige Einrichtungen von Häusern liefern, und viele glückliche Stunden in Museen verbracht. All dies bereitete den Boden für mein Experiment. Die Idee, die Zeit zurückzudrehen und wie eine Person vor 200 Jahren zu leben, gefiel mir zunehmend. Ich benötigte nur

Die Form dieser Talg- und Bienenwachskerzen wäre im 18. Jahrhundert verboten gewesen.

Nur das Mondlicht erhellte meine Nächte.

noch einen besonderen Anstoß, um mein Vorhaben in die Tat umzusetzen. Dann las ich *Not on the Label* von Felicity Lawrence, einer Food-Journalistin des *Guardian*. Ihre schockierenden Enthüllungen über die Machenschaften der Lebensmittelindustrie verärgerten mich derart, dass ich jedem davon erzählte, den ich traf. Was auch immer Supermärkte ihren Kunden vorgaukeln, ihr einziges Interesse besteht darin, Ware zu verkaufen, um den Aktionären eine gute Rendite zu sichern. Die Nährwerte der Lebensmittel sind nicht von Belang, ebenso wie Umweltfragen und vor allem das Überleben der armen Leute, die die Feldfrüchte anbauen, die in irgendeiner Form in den Regalen landen. Ihre gesamte Vorgehensweise ist ethisch fragwürdig, für das grüne Image sorgen die jeweiligen Marketingabteilungen.

Meine Schimpftiraden nahmen kein Ende. Ich war derart mit ungesundem Essen wie Kartoffelchips, Süßigkeiten, zuckerhaltigen Getränken und Fertiggerichten beschäftigt, dass ich Gefahr lief, langweilig zu werden. Ich behauptete, die Menschen in Schottland hätten sich Ende des 18. Jahrhunderts besser ernährt als heutzutage. »Dann versuche doch, wie im 18. Jahrhundert zu leben!«, hielt mir jemand entgegen. Damit stand mein Entschluss fest.

Ich nahm mir sogar vor, ein ganzes Jahr so zu leben. Wenn schon, denn schon. Ich wollte alle Jahreszeiten durchleben, fern von der industrialisierten Welt.

Eine Schale frisch gepflückter Beeren ist viel köstlicher als ein Schokoriegel. Und natürlich gesünder!

Alexander Carses Gemälde zeigt eine häusliche Szene gegen Ende des 18. Jahrhunderts.

Natürlich gab es noch andere Motive. Ich wusste, dass so ein Unterfangen gute Chancen hatte, in die Zeitung zu kommen. Das war mir enorm wichtig. Es klappte. Meine Geschichte bekam jeden Monat eine Seite im *Herald*, anfangs in der Ausgabe für Westschottland, später in der Landesausgabe. Ich brauchte diese Leserschaft, um an meinem Entschluss festzuhalten. Ich nahm auch an, dass es einiges zu berichten gäbe, nicht zuletzt weil der Blick zurück in das einfache Leben der Vergangenheit gleichzeitig etwas über die Zukunft aussagt.

Niemand weiß, was uns die nächsten Jahrzehnte bringen. Die Anzeichen, dass die globale Erwärmung uns sehr bald direkt betreffen wird, verdichten sich rasch. Das Wetter wird zunehmend heftig und unvorhersehbar. In vielen Teilen der Welt sind weite Landstriche von Überflutungen bedroht oder verdörren und verwandeln sich in unfruchtbare Wüste. Leben, wie wir es kennen, scheint plötzlich viel wertvoller zu sein als zuvor. Manche Fachleute fürchten, dass die gesamte Biospähre in Gefahr ist. James Lovelock, der Begründer der Gaia-Hypothese (betrachtet die Erde als lebenden Organismus), glaubt, dass der CO_2-Gehalt der Atmosphäre bereits zu stark angestiegen ist. Laut Lovelock wird der Planet 2045 nur noch ein Zehntel der gegenwärtigen Bevölkerung ernähren. Auf seiner Weltkarte von 2045 gibt es im Süden des Globus einen schmalen, bewohnbaren Landstreifen, darin liegen etwa Tasmanien und Neuseeland, ein weiterer befindet sich im Norden, Schottland gehört auch dazu.

Ich kannte diese Karte nicht, als ich mein Experiment plante. Aber ich hatte darüber nachgedacht, wie fragil unsere moderne Lebensweise ist. Das globale Ölfördermaximum, also der Punkt, an dem die weiter wachsende Nachfrage nach Erdöl das nicht mehr steigende Angebot übersteigt, ist entweder bereits eingetreten oder sehr nahe. Trotzdem basiert fast alles, was wir tun, auf billigen fossilen Brennstoffen. Regionale Produktion, Vertrieb vor Ort und der Verkauf von heimischen Lebensmitteln oder Waren existieren quasi nicht mehr. Wenn es keine fossilen Brennstoffe mehr gibt, kommt unser Versorgungssystem zum Erliegen.

Für die Mehrheit der Bevölkerung wäre das eine echte Katastrophe, da die Stadtbewohner alles, was sie zum Leben brauchen, kaufen müssen. Selbst für Leute wie mich, die auf dem Land leben, wäre das Leben schwierig. Die Bedarfsdeckungswirtschaft ist verschwunden. Die Bauern halten zwar Rinder und Schafe, doch sehr wenige versorgen damit ihren eigenen Haushalt. Die Zeiten, in denen Hafer und Gerste am Hof oder in der örtlichen Mühle gemahlen wurden, sind längst vorüber. Kartoffelanbau um den Hof für den Eigenbedarf gibt es fast nicht mehr, ebenso wenig Gemüsegärten, obwohl die Nachfrage nach städtischen Schrebergärten ständig steigt.

Ich wohne in einem alten Pfarrhaus und habe einen Gemüsegarten. Die Kirche hat für ihre Geistlichen einst gut gesorgt. Der Gemüsegarten liegt 200 Meter über dem Meeresspiegel und ist von einer hohen Mauer umgeben, die eine Art Mikroklima erzeugt. Ich nutze meinen Gemüsegarten seit über 20 Jahren, und bei günstigen Wetterverhältnissen kann ich eine vierköpfige Familie sowie reichlich Besucher ernähren.

Der Gemüse-
garten, den ich
seit mehr als
20 Jahren
bewirtschafte.

Dieser Kuhstall
wurde zum Schau-
platz meines
Experiments.

Ich war daher zuversichtlich, mich bei meinem Experiment, wie im 18. Jahrhundert zu leben, selbst erhalten zu können.

Dieses wesentliche Moment meines Vorhabens war also gesichert. Ich besaß auch ein Cottage nah am Haus oder zumindest etwas Ähnliches. Anfang 2004, als ich über der Idee brütete, in die Vergangenheit zurückzukehren, stand ich im Kuhstall, den wir früher als Werkstatt genutzt haben. Ich sah, dass er einst ein bewohntes Cottage gewesen sein musste. Kuhställe haben keine Fenster und keinen Kamin. Ein Fenster war vernagelt, das andere musste neu gerahmt werden. Durch die alte Türe, die die Initialen ehemaliger Amtsinhaber oder von deren Kindern trug, pfiff der kalte Wind. Es musste noch einiges getan werden, aber es würde gehen.

Mein Vorfahre William Houston war in den 1790ern Schulmeister in Galloway. Ich weiß nicht, wo die Familienchronik abgeblieben ist, in der Details verzeichnet sind, aber ich erinnere mich, dass er eine Engländerin namens Anne geheiratet hat. An sie musste ich immer denken, wenn ich als Engländerin versuchte, mich an die schottische Kultur anzupassen. Wie mag es ihr wohl gegen Ende des 18. Jahrhunderts ergangen sein, als sie in ein Land kam, in dem die Häuser schmutziger, die Leute ärmer und das Leben insgesamt viel härter war als in England? Wie war ihr Haus eingerichtet? Hatte sie jemanden, der ihr die Wäsche machte? Hat sie ihren Garten selbst umgegraben? Wenn ja, welche Schuhe hat sie dabei getragen?

Das Alltagsleben von Anne und William sollte mein Maßstab sein. Sie bekleideten genau die richtige Stellung in der Gesellschaft. Einem Schulmeister wurde ein Haus, ein Garten und ein kleines Gehalt zugewiesen. Das Gehalt wurde häufig durch einige Bolls (altes schottisches Hohlraummaß) Hafermehl und Gerstenmehl aufgebessert. Ein Boll entspricht etwa 64 Kilogramm, ich durfte mir das Mehl daher säckeweise bestellen und musste das Getreide nicht selbst anbauen. Die Frau des Schulmeisters war sicher eine erfahrene Gärtnerin, damit der Garten optimal genutzt werden konnte. Vermutlich konnte sie auch lesen und schreiben. Aufgrund dieser Voraussetzungen erschien es mir sinnvoll, Anne als Vorbild zu nehmen.

Leider wusste ich nichts über sie. Ich spielte mit dem Gedanken, stattdessen das Leben einer Pfarrersfrau zu rekonstruieren, das war leichter zu recherchieren. Doch solch eine Frau war eine bedeutende Person in der Gesellschaft. Sie hätte für die Hausarbeit Bedienstete gehabt und sich nebenher um die Gemeinde gekümmert. Außerdem hätte ich dann mein Wohnhaus zurückverwandeln müssen, das wäre zu aufwendig und kostspielig gewesen (man hätte alle Stromleitungen und andere komfortable Einrichtungen entfernen müssen!). Die einfachere Alternative war das Cottage.

Als die Idee allmählich Gestalt annahm, wurde deutlich, dass an dem Gebäude viel getan werden musste. Der Kamin war durch herabgefallenes Gemäuer verstopft; als ich versuchte, ein Feuer zu entfachen, quoll der Rauch in den Raum. Die Fenster müssten ausgetauscht, vor allem jedoch musste der Fußboden erneuert werden. Er war gepflastert und zur Tür hin abschüssig. Hausböden waren früher normalerweise nicht gepflastert, sie wären zu uneben gewesen. Ich schätzte, dass der Fußboden irden war, als das Cottage bewohnt war.

Im Vorraum
beließ ich den
Pflasterboden.
Nur der Wohn-
raum erhielt
Holzdielen.

	£	s	d
To 48 weeks' labour of a man at 1s. a day	14	8	0
To 48 weeks' labour of a woman, in spinning, besides taking care of her house and children	3	12	0
To the earnings of three children at the age of six, seven, and eight years	0	0	0
	£18	0	0

ANNUAL EXPENSES

	£	s	d
By 2 pecks oatmeal a week, at 1½d. per week	4	19	8
By 2 pecks barley or pease meal a week at 7½d.	3	5	0
By 6 bolls potatoes, at 5s. the boll	1	10	0
By barley for kail, at 3lb a week	0	16	3
By a kail-yard, and a wretched house		13	0
By milk, at 4d. a week		17	4
By salt, cheese and butter		12	6
By soap for washing clothes		2	6
By coals in a year, and carriage	1	0	0
By shoes to the whole family	1	0	0
By body clothes to the man	1	10	0
By ditto to the woman and children	1	5	0
By worsted thread for mendings		7	0
	£17	18	3

Tabelle aus den »First Statistical Accounts« über Ein- und Ausgaben einer Arbeiterfamilie.

Meine Vermutung war richtig. Bevor ich Holzdielen über die Steine legen ließ, machte ich eine kleine Ausgrabung. Die »Wohnstättenschicht«, wie Archäologen sie nennen würden, befand sich über 30 Zentimeter unter dem Pflaster und bestand aus gestampfter Erde. Ich überlegte, das Pflaster wegzunehmen, da irdene Böden Ende des 18. Jahrhunderts in Schottland die Regel waren. Doch jeder, der etwas auf seinen sozialen Status hielt, hätte versucht, Schmutz zu meiden. Im Sommer waren diese Böden staubig, im Winter matschig. Die feinen, geraden Fußbodendielen, die die ersten Sägewerken damals herzustellen begannen, waren gewiss ein attraktiver Ersatz.

Hätte das Haus eines Schulmeisters einen Holzfußboden gehabt? Das kam auf die Großzügigkeit der Lehnsherren an, die für die Instandhaltung der Kirche verantwortlich waren und das Gehalt des Pfarrers und des Schulmeisters beisteuerten. Ich kenne die Gegebenheiten des Galloway meiner Vorfahren nicht, habe jedoch beschlossen, anzunehmen, dass die Gemeinde frei über ihr Geld verfügen konnte. Tatsächlich kann man den berühmten *First Statistical Accounts* entnehmen, dass die Lehnsherren den Bau eines neuen Pfarrhauses finanzierten. Es ist das Haus, in dem ich heute lebe.

Diese Statistik ist eine Schatzkiste an Informationen und ein weiterer Grund, warum ich die 1790er für mein Experiment gewählt habe. Um 1790 gelang es Sir John Sinclair von Caithness, die Regierung in Westminster davon zu überzeugen, dass der König sein gesamtes Reich erfassen lassen solle. Demzufolge entwarf er ein Muster, das an jeden Gemeindepfarrer in Schottland gesendet wurde. Die Erhebung sollte sich auch über England erstrecken, dort wurden jedoch nur wenige Gemeinden erfasst. 1794 waren fast alle schottischen Berichte zurückgeschickt worden, die umgehend veröffentlicht wurden. Die Berichte weichen etwas voneinander ab, entsprechend den besonderen Interessen des jeweiligen Geistlichen, doch sie alle enthalten Informationen über Landwirtschaft, Wohnbau und auf welche Weise die Menschen ihren Lebensunterhalt verdienten. Manche schildern Einzelheiten über die Kleidung und liefern sogar die typischen Jahresabrechnungen von Haushalten. Diese Erhebungen sind eine unschätzbare Informationsquelle für jeden, der sich eingehend mit dem Alltagsleben jener Zeit befasst.

Daneben las ich Tagebücher und Texte, die mit »meinem« Jahrzehnt zusammenhängen. Die Reiseberichte von Thomas Pennant wurden 1769 und 1772 veröffentlicht, Dorothy Wordsworths *Recollections of a Tour Made in Scotland* einige Jahre später. Auch *Memoirs of a Highland Lady* von Elizabeth Grant von Rothiemurchus stammt aus einer späteren Zeit, geht jedoch auf 1803 zurück. Durch meine Lektüre würde ich viel lernen müssen, hoffte aber, dass sie mir auch Vergnügen bereiten würde. Doch mir war bewusst, das ich eine enorme Plackerei vor mir hatte.

Es war der innige Wunsch, einmal ohne Komfort sowie moderne Kommunikationstechnik und dem damit verbunden Druck zu leben, der mich dazu brachte, an meinem Vorhaben festzuhalten. Ich brannte darauf, mein Experiment zu beginnen.

Einfache Gegenstände für ein bescheidenes Leben. Wie würde es mir dabei ergehen?

KAPITEL 2
Vorbereitungen

DAS COTTAGE, das für ein ganzes Jahr mein Heim werden sollte, steht am nördlichen Ende einer Reihe von Wirtschaftsgebäuden. Als wir hierherzogen, war eines davon eine Scheune. Wir renovierten sie notdürftig und nutzten sie gelegentlich als Ausstellungsraum. Das Schieferdach des Gebäudekomplexes wurde bei einem Sturm in den 1970ern zerstört. Wir ersetzten es durch rote Ziegel. Die sind zwar hässlich, doch auf ihnen gedeiht Moos. Die grüne Schicht sieht wie verwittertes Dachstroh aus. Im Winter wünschte ich mir viele Male, es sei tatsächlich Reet, das wäre um so vieles wärmer gewesen. Schieferdächer boten vielleicht Schutz vor Nässe, doch die Häuser müssen schrecklich kalt gewesen sein, da Schiefer keine Isolierung bietet.

Die Wände bestehen aus mit Mörtel versetztem Basaltgestein und sind außen mit Kalk verputzt. Die Namen der Kinder von James Nicol sind mit Bleistift auf die Scheunentür gezeichnet. Nicol war 1802 Pfarrer, also muss das Gebäude bereits zu Beginn des 19. Jahrhunderts hier gestanden haben. Selbst die verputzten Wände in der Scheune tragen Inschriften. Die Innenwände des Cottage sind aus rohem Basalt, der neuere Raum ist mit Lärche verkleidet. Diese Art der Verkleidung war im späten 19. Jahrhundert üblich, wir wollten aber ein Interieur früherer Zeit und nahmen ungleichmäßige, unbehandelte Bretter. Wenn sie erst einmal verwittert waren, würden sie besser in diesen traditionellen Raum passen als Fabrikware.

Auch den neuen Dielenboden habe ich nicht mit Lack und Öl versiegelt. Das frische Holz wurde bald grau und fleckig und erinnerte mich an den Schulboden aus meiner Kindheit. Ich machte mir immer noch Sorgen, ob das Haus eines Schulmeisters in den 1790ern wirklich so luxuriös ausgestattet war. In jener Zeit verdienten Schulmeister sehr wenig. Ihr Gehalt war zwar von Gemeinde zu Gemeinde unterschiedlich, jedoch bereits um 1690 festgelegt worden, als die meisten Dorfschulen gegründet wurden. Obwohl die Lebenshaltungskosten innerhalb eines Jahrhunderts beträchtlich gestiegen waren, war der Lohn gleich geblieben. Es gab viele Klagen darüber von Seiten der Schulmeister, als die genannte Statistik um 1790 erstellt wurde: »Für jemanden, der sich einkleiden muss und der ein wenig besser leben sollte als das gewöhnliche

Mein bemoostes Dach.

Alte
Inschrift
auf der
Scheunentür.

Mein Cottage sieht fast genau so aus wie das auf dem Stich von Thomas Bewick (gegenüber oben). Bewick hielt Szenerien aus dem 18. Jahrhundert detailgetreu fest.

Volk, bedeutet das lediglich eine vornehme Art des Verhungerns ... Doch wir sollten aufhören, uns zu fragen, wann man davon Kenntnis nehmen wird, dass obgleich die Löhne der einfachsten Arbeiter sich verdoppelt und in vielen Fällen verdreifacht haben, das des Schulmeisters ein Jahrhundert lang unverändert geblieben ist.« (*First Statistic Account, Borthwick, East Lothian*)

Die Häuser, die die Lehnsherren bereitstellten, wurden von vielen Schulmeistern als »einfache Hütte« beschrieben, die oft aus einem einzigen Raum bestand. Sie klagten, dass sie sich keine verputzten Wände oder eine gewölbte Decke leisten konnten. Als im Schulmeistergesetz von 1803 angeordnet wurde, die Unterkunft eines Schulmeisters solle aus zwei Räumen bestehen, gab es erneut Beschwerden, diesmal von Seiten der Lehnsherren: »Sollen wir für unsere Schulmeister etwa Paläste bauen?«, hieß es in mehr als einer Gemeinde. Ein Pfarrer schlug gar vor, seine Gemeinde solle die Häuser so belassen, wie sie sind, und lieber für eine bessere Einfriedung sorgen. Wenn eine dichte Hecke vorhanden sei, argumentierte er, dann könne der Schulmeister bei der Vorbereitung einer Lektion (oder sogar der Pfarrer, der an einer Rede arbeiten wolle) innerhalb dieser Hecke sitzen: »Dort sind sie ungestört. Sie hören weder Kindergeschrei noch laute Unterhaltungen zwischen der Hausherrin und den Dienstboten über häusliche Angelegenheiten. Im Haus gibt es keinen Raum, in den dieser Lärm nicht dringen würde.« (Mackintosh, William, *An Essay on the means for Inclosing* [sic], *Fallowing and Planting, etc., Scotland*. Edinburgh 1792). Man kann nur annehmen, dass er das im Sommer schrieb und eine äußerst begrenzte Vorstellungskraft hatte!

Diese bruchstückhaften Informationen deuten darauf hin, dass die Unterkünfte von Schulmeistern extrem einfach waren. Ich hatte das Gefühl, dass das Cottage, das ich einrichtete, bis auf den Holzfußboden wahrscheinlich sehr stark einer Behausung ähnelte, in der ein Schulmeister wohnte. Das Cottage war vermutlich einst ein Pfarrhaus, das zur Dienstbotenunterkunft wurde, als 1792 das neue Pfarrhaus fertiggestellt wurde.

Im November 2004 kam Jim, der sonst einmal im Jahr die Gartenmauer ausbessert, um den Kamin freizuräumen und die morschen Fensterrahmen auszutauschen. Am Ende des Monats tauchte John Behm auf, ein befreundeter Künstler, den ich gebeten hatte, die Holzarbeiten auszuführen. Er brachte ein paar herrliche, mit Eiche getäfelte Türen für mein Kastenbett mit. Er hatte sie vor einem Lagerfeuer gerettet. Wir waren beide erstaunt, wie jemand auf die Idee kommen konnte, etwas derart Solides und sorgfältig Gearbeitetes zu verbrennen.

John brachte auch Holz für die Trennwand mit, die wir errichten wollten. Sie sollte mich vor der fürchterlichen Zugluft schützen, die durch die Außentür in den Raum drang. Ich wollte mich einerseits an das historische Original des Cottage halten, andererseits aber nicht unnötig unter dessen Unzulänglichkeiten leiden. Deshalb war ich zunächst unentschlossen, ob ich den Wohnraum des Cottage in einen kleinen Eingangsbereich und einen

Mein Herd aus den 1860ern schien mir ein gangbarer Kompromiss zu sein.

Die getäfelten Türen meines Kastenbettes trennen den Wohn- vom Schlafraum.

größeren L-förmigen Raum teilen sollte. Es gibt Beispiele für diese Art der Raumteilung. Moirlanich Longhouse in der Nähe von Killin (das vom schottischen National Trust betreut wird) hat beispielsweise einen abgetrennten Eingangsbereich, der in einen Durchgang führt, durch den man in den Hauptraum kommt. Moirlanich Longhouse wurde Mitte des 19. Jahrhunderts gebaut. Ein Vorbild aus der historisch originalen Zeit hatte ich nicht, im englisch-schottischen Grenzgebiet sind nur wenige einfache Gebäude erhalten geblieben. Schließlich musste ich einsehen, dass es bei meinem schmalen Budget schlicht nicht möglich war, alles vollständig authentisch zu rekonstruieren. Wir würden uns für praktische Lösungen entscheiden, geeignete Materialien verwenden und mit einigen Kompromissen leben müssen.

Den größten Kompromiss stellte der Herd dar. Anne Houston hat vermutlich an einer erhöhten Feuerstelle gekocht, sofern ihr Cottage nicht völlig unkultiviert war, dann wäre die Feuerstelle am Boden gewesen. Mir lagen Zeichnungen vor, auf denen erhöhte Feuerstellen mit einem Rauchfang darüber, der zu einem primitiven Kamin führte, zu sehen waren. Die wenigen erhalten gebliebenen Rauchfänge dieser Art waren fast alle aus Holz, manche waren mit Papiermaché überzogen. Kein Wunder, dass früher so häufig Feuer in Häusern ausbrach, ein verrückteres Material für einen Rauchfang lässt sich kaum denken! Ich fragte einen Schmied, ob man den Rauchfang aus Metall fertigen könne, wir konnten uns aber nicht vorstellen, wie er den gesam-

ten Rauch zum Kamin lenken sollte, der sich in der Mitte der Bruchsteinwand befand. Eines Tages kam John mit einem alten Herd an, den er Jahre zuvor in Edinburgh erstanden hatte. Er war um 1860 von Smith & Wellstood in Falkirk hergestellt worden. Er wurde ursprünglich mit Kohle beheizt, inzwischen fehlten jedoch einige wichtige Teile, deshalb würde ich mich mit Holz als Brennstoff begnügen müssen, was wiederum den Gepflogenheiten in den 1790ern entsprach. Zudem würde der Herd einfach zu installieren sein, das Ofenrohr führte fast genau dort in die Wand, wo sich bereits zuvor ein Rohr befunden hatte. Somit hatten wir ein hartnäckiges Problem gelöst. Wir stellten den Herd auf eine große Schieferplatte, die einst den Boden eines Wassertanks auf dem Hügel gebildet hatte. Der Tank war nur an einer Seite beschädigt, den Rest transportierten wir ab. Wir fanden für jedes Teil Verwendung. Eines wurde zur Fensterbank in meinem Wohnhaus, ein anderes legten wir über eine alte Werkbank, die im neu geschaffenen Eingangsbereich meines Cottage stand. Dort diente es als Ablage für den Wassereimer und den Waschtrog. Selbst die Schmalseite des Tanks kam zum Einsatz. Mein Freund Martin Murphy kürzte sie, schrägte sie ab und versah sie mit einer Inschrift. Das Kunstwerk steht heute als Denkmal für meine Eltern auf einem Friedhof in Norfolk.

Die Renovierungsarbeiten dauerten bis Weihnachten. Familienmitglieder und Freunde bekamen einen Hammer in die Hand gedrückt, um die Lärchenverkleidung festzunageln. Mein jüngerer Sohn Ben und seine Freundin Caroline Brimmer arbeiteten fleißig mit. Der Lärm, den die elektrischen Bohrer und Sägen verursachten, war ziemlich unhistorisch, doch uns lief die Zeit davon. Ein Reporter und ein Fotograf vom *Herald* wollten vier Tage nach Weihnachten kommen. Ihr Bericht sollte meine monatliche Kolumne einführen. Alles musste vor ihrer Ankunft fertig sein.

Mein Mobiliar bestand aus einem Tisch und drei Stühlen. Am Tisch aß, nähte und schrieb ich. Manchmal entspannte ich mich hier sogar!

Zeitgenössische Zeichnungen dienten mir als Vorlage für meine Garderobe.

Meine Sommerkleidung ist bequem und praktisch.

Ich musste auch meine gesamte Garderobe für ein Jahr fertignähen. Ich wollte mich historisch authentisch kleiden. Die Recherche darüber hatte mich monatelang in Anspruch genommen, da die meisten erhaltenen Kleidungsstücke aus jener Zeit Festtagsgewänder sind. Auf Gemälden und Zeichnungen sind zwar Adlige und Arbeiter abgebildet, aber nur selten Berufstätige, besonders in einer ländlichen Umgebung. Welche Kleidung hätte die Frau eines Schulmeisters getragen? Die Frauen in Edinburgh nutzten bereits Schnittmuster, die in London und Paris entworfen worden waren, um sich modische Kleider zu nähen. Doch wegen ihrer beschränkten Mittel musste meine Ahnin etwas Schlichteres angehabt haben. Damals haben die meisten Frauen ihre Sachen selbst genäht. Die Ausgaben, die in alten Haushaltsbüchern neben »Kleider« stehen, beziehen sich auf den Preis für die Meterware Stoff, nicht auf fertiggenähte Kleider.

Ich las alle Quellen, derer ich habhaft werden konnte, und betrachtete die Werke des schottischen Malers David Allan (1744–96) sowie die Zeichnungen von John Kay (1742–1826), einem Karikaturisten in Edinburgh. Schließlich entschied ich mich für ein Tageskleid nach der Mode der Fischerfrauen in Newhaven, die Kay gezeichnet hatte. Diese Tracht war im 18. Jahrhundert weit verbreitet und hat sich nahezu unverändert bis ins 20. Jahrhundert erhalten. Sie besteht aus zwei bis drei Unterröcken, einer gestreiften Schürze und einem kurzen Wollkittel. Mein Kittel ist aus grauem Tweed mit Fischgrätenmuster, weil ich keine handgewobene Wolle finden konnte. Das Unterkleid nähte ich aus einer alten blauen Decke. Unterkleider waren früher teilweise sichtbar, weil die Frauen ihre Unterröcke häufig schürzten.

EIN UNTERHEMD NÄHEN

Das Unterhemd setzt sich aus Rechtecken zusammen. Das große Rechteck ist doppelt so lang wie die gewünschte Gesamtlänge. Aus einem weiteren Rechteck werden die Ärmel geschnitten, außerdem braucht man Stoff für die Säume. Ein Unterhemd war meist halblang. Schneiden Sie den Stoff zuerst in die passende Länge.

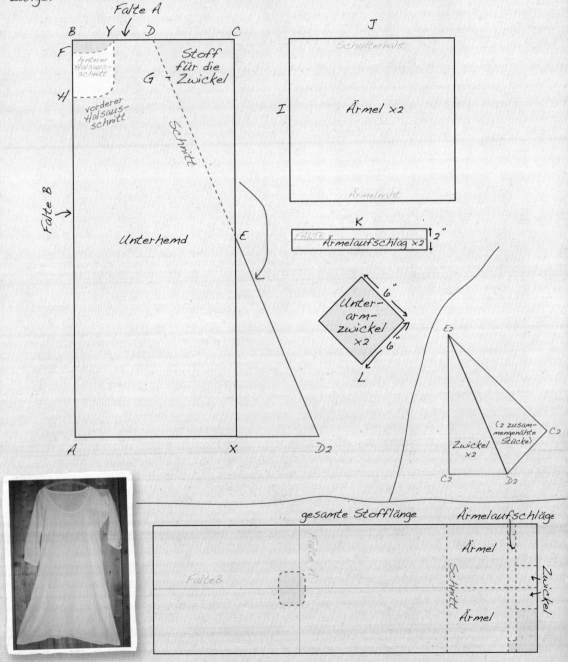

Falte A

B   Y   D   C

F

hinterer Halsausschnitt

Stoff für die Zwickel

G

vorderer Halsausschnitt

H

Schnitt

Falte B

Unterhemd

E

A   X   D2

J

Schulternaht

Ärmel x2

I

Ärmelnaht

K

FALTE   Ärmelaufschlag x2   2"

Unter-arm-zwickel x2   6"   6"

L

E2

Zwickel x2

(2 zusammengenähte Stücke)

C2

C2   D2

gesamte Stofflänge   Ärmelaufschläge

Falte A

Falte B

Schnitt

Ärmel

Ärmel

Zwickel

1. Die Ärmel getrennt vom Kleid zuschneiden, dabei auf ausreichend Stoff für die Schultern und Bündchen achten. Handgelenkweite und Armausschnitt hängen von den persönlichen Vorlieben ab. Aus Stoffresten 2 Unterarmzwickel schneiden.

2. Für das Hemd das große Rechteck einmal in der Mitte falten.

3. Nochmals über die doppelte Länge mittig falten, so dass vier Stoffbahnen entstehen.

4. Die Hälfte der UNGEFALTETEN seitlichen Kante (C-X) abmessen, dann die Hälfte der GEFALTETEN oberen Kante (B-C). Anzeichnen. Die Schulterbreite (doppelt so breit wie B-D) sollte großzügig bemessen sein. Alle Bahnen von E-D durchschneiden. Jedes abgeschnittene Stück Stoff entlang der Falte D-C durchtrennen, so dass 4 Dreiecke entstehen. Jeweils 2 Dreiecke entlang D2-E2 zusammennähen, um 2 drachenförmige Zwickel zu erhalten.

5. B-Y und B-H an der Vorderseite der Falte abmessen. Ein Halbrund als vorderen Halsausschnitt anzeichnen.

6. Falten A und B umdrehen und bei Y-F den hinteren Halsausschnitt anzeichnen.

7. Von den Halsausschnitten Belege aus Papier anfertigen. Die Halsausschnitte entlang der eingezeichneten Linien ausschneiden.

8. An jeder Seite am unteren Teil E-X des Stoffes einen Zwickel mit der Seite E2-C2 anheften.

9. Die Ärmel gemäß der Länge (I) zu einem Schlauch zusammennähen, dabei am unteren Ende 5 cm für die Ärmelaufschlagöffnung nachlassen und am oberen Ende 10 cm, damit der Zwickel eingepasst werden kann.

10. Ärmelaufschläge aus Stoffresten schneiden (K) und beide Enden einsäumen. An die Innenseite der Ärmel nähen.

11. Zwei Seiten des Zwickels an die obere Ärmelöffnung nähen. Die Ärmel sollten wie die rechts abgebildete Zeichnung aussehen.

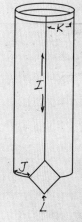

12. Die Ärmel beidseitig jeweils bei D-G an das Hemd nähen, dabei in Schultermitte beginnen. Punkt G sollte sich etwa in der Mitte der Ärmelnaht befinden. Punkt L des Zwickels bei Punkt E des Hemdes anheften.

13. Restliche Seiten der Zwickel und die Schulterstücke der Ärmel an das Hemd nähen.

14. Die Halsausschnitte von Hand mit einem Band einsäumen. Dann das Hemd unten einsäumen.

Eigentlich sollte das Schürzen nur dafür sorgen, dass das Oberkleid sauber blieb, doch irgendwie wurde eine Mode daraus. Wenn bedeutende Personen des Wegs kamen, wurde die Schürze rasch heruntergelassen. Die befestigte Schürze trägt um die Hüfte herum stark auf. Ich würde mich unweigerlich daran gewöhnen müssen, massig zu wirken und mich außerdem jeden Morgen in eine enge Korsage zu zwängen. Wohlhabendere Frauen trugen sicher ein Mieder, doch das Gehalt eines Schulmeisters hätte ein derart kostspieliges Vergnügen wahrscheinlich nicht zugelassen. Das war mir ganz recht, weil sich eine Korsage leicht nähen lässt. Für ein Mieder hätte ich hingegen selbst mit einer Nähmaschine Wochen gebraucht.

Zusätzlich musste ich meine Unterhemden und Unterkleider nähen. Zwei fertigte ich aus alten Leintüchern, zwei weitere aus neuem Batist, denn gegen Ende des 18. Jahrhunderts gab es in Schottland bereits Baumwolle. Mein Schnittmuster (siehe vorhergehende Seiten) ist uralt, es wurde vor vielen hundert Jahren für Unterhemden und -kleider benutzt. Man nimmt dafür ein großes, rechteckiges Stoffstück. Es wird auf Schulterhöhe gefaltet, dann werden etwa auf Taillenhöhe lange, dreieckige Stücke abgeschnitten. Die Ärmel werden aus einem extra Stück Stoff geschnitten und zusammen mit Zwickeln am Hemd befestigt. Fast kein Stoff wird verschwendet. Für meine Kopfbedeckung nahm ich Musselin. Die diesbezügliche Mode scheint sich im Lauf der 1790er Jahre geändert zu haben: Musselinhauben, die mit Bändern unter dem Kinn befestigt waren, wurden von Morgenhauben im englischen Stil abgelöst. Ich nähte beide Modelle, aber die Musselinhaube war unangenehm zu tragen. Daher entschied ich mich für die Morgenhaube, die ich manchmal mit einem farbigen Band schmückte. Diesen »Putz« hatte ich auf Gemälden von David Allan gesehen. Ich gewöhnte mich

Meine Kleidung für den Winter, mit Mantel.

Ich fand meine leichte Morgenhaube erstaunlich praktisch und bequem.

Durch das sanfte Licht wirkt der Innenraum wie ein Bild von Vermeer.

rasch an die Haube; sie hielt den Kopf warm, mein Haar aus dem Gesicht und schützte es gleichzeitig vor Rauch und Ruß.

Am 29. Dezember war endlich alles vorzeigbar. Als der Fotograf das Cottage in Augenschein nahm, geriet er über die Einrichtung und die Qualität des Lichts ins Schwärmen: »Als ob man ein Gemälde von Vermeer betreten würde«, sagte er. Der Reporter gesellte sich zu uns und führte ein Interview mit mir. Danach begaben wir uns in die Küche meines Wohnhauses, wo es wärmer war. Ich lebe schon so lange in dem alten Pfarrhaus, dass ich ganz vergessen habe, wie die altmodische Küche mit dem Steinfußboden, der Kommode und dem Bauerntisch auf andere wirkt. Der Reporter war verblüfft: »Entschuldigen Sie, wenn ich das sage, aber Sie verändern ihre Lebensweise ja nicht allzu sehr«, meinte er. Er hatte nicht ganz Unrecht, aber das Alltagsleben im Cottage war doch wesentlich härter als das im Wohnhaus. Selbst im Winter 1996, als die Wasserleitungen drei Tage lang eingefroren waren und es keinen Strom gab, fiel die Temperatur niemals unter sechs Grad Celsius. Diese Temperatur war im Cottage in den Wintermonaten die Norm.

Die letzten Tage des alten Jahres vergingen wie im Flug. Wir beendeten die Zimmerarbeiten und bereiteten ein Fest vor. Meine beiden Söhne und deren Partnerinnen luden viele Freunde ein, ein paar von mir durften auch kommen. Meine Freunde aßen mit mir im Pfarrhaus zu Abend, die jungen Leute kochten sich etwas bei einem Nachbarn. Wir hatten den Salon zum Tanzen ausgeräumt. Ich trug meinen seidenen Schottenrock (auf einem Wohltätigkeitsbazar gefunden), der um meine Beine wirbelte, als ich mich unter die Tänzer mischte. Vor Mitternacht würde ich mich zurückziehen müssen und mein Tanz wurde immer wilder. Die Situation hatte etwas von einer Nonnenweihe an sich, obwohl sich das Ganze frivoler anfühlte.

Mein Gästebuch mit Federkiel.

Um zehn vor zwölf legte ich mein vielschichtiges Gewand an, setzte meine Haube auf und schlang ein Tuch um meine Schultern. Niemand bemerkte mich, als ich wieder herunterkam, um das Silvesterfeuerwerk zu betrachten. Ich schlich mich rasch ins Cottage, um die Leute dort zu empfangen. Zunächst musste ich die Zunderbüchse in Gang setzen, damit ich eine Kerze anzünden konnte. Patrick Cave-Browne, ein Mann, der mehr vom Entfachen eines Feuers versteht als irgendjemand sonst in Schottland, hatte mir freundlicherweise gezeigt, wie das geht. Ich hatte zwar geübt, war aber doch unsicher, ob ich dem Gerät einen Funken würde entlocken können. Es klappte. Ich zündete die Scheite im Kamin mit der brennenden Kerze an. Nun konnten die Gäste kommen. Sie drängten sich ins Cottage und trugen sich mit einem Federkiel, der in selbst gemachte Tinte getaucht wurde, ins Gästebuch ein. Eine mir unbekannte junge Frau rief: »Was soll ich denen in London erzählen? Das ist das fantastischste Silvester, das ich je erlebt habe!«

Die Nachbarn erschienen, um mir alles Gute zu wünschen. Da alle Stühle besetzt waren, lehnte sich Gerald, mein direkter Nachbar, gegen den Herd. Er hatte die Kerze, die dort brannte, nicht bemerkt. Sekunden später schlug eine Flamme an seinem Rücken hoch. Ich stürzte quer durch den Raum und schlug auf seinen Mantel, der total ruiniert war. Zum Glück blieb Gerald unverletzt. Was für ein Start in mein Jahr! Ich nahm mir vor, mit Kerzen besonders vorsichtig zu sein. Feuersbrünste mögen ja damals an der Tagesordnung gewesen sein, doch darauf konnte ich gut verzichten.

Ich lernte schnell, wie man eine Zunderbüchse bedient.

Diese einstige Lustbarkeit passt gut zu Neujahr!

KAPITEL 3
Das Abenteuer beginnt

AM NEUJAHRSMORGEN 2005 zog die Dämmerung spät herauf. Ich wusste nicht, wie viel Uhr es war, als ich genug sehen konnte, um mich anzuziehen, das Feuer nachzuschüren, das Schmutzwasser wegzuschütten und neues Holz zu holen. Im Hof traf ich auf einen Hausgast, Jane Brimmer, die aufgestanden war, um meinen alten schwarzen Labrador Ghillie auszuführen. Ich begleitete sie bei ihrem 20-minütigen Ausflug auf den Hügel. Ich hatte den Haferbrei auf den Herd gestellt, doch als ich zurückkam, war das Feuer ausgegangen und die Haferflocken waren kaum gegart. Die kleine Messingpfanne, die ich benutzte, musste direkt auf die Glut gesetzt werden. Ich verteilte den Haferbrei auf Holzschalen, als Janes Mann Martin zur Tür hereinkam. Ich merkte gleich, dass wir noch mehr bräuchten, deshalb füllte ich die Pfanne zur Hälfte mit Milch an, fügte ein großes Stück Butter sowie etwas Salz hinzu und stellte das Ganze wieder auf die Glut. Rückblickend zeigt sich, dass dies zur täglichen Routine werden sollte: Diese Milchmischung bildete die Basis des Teiges für mein Fladenbrot aus Gerstenmehl.

An diesem Morgen gestaltete sich die Zubereitung jedoch etwas schwierig. Das gusseiserne Blech, auf dem die Fladen gebacken werden, war kalt. Ich musste die Glut neu entfachen, das Blech daraufstellen und die Fladen ausrollen. Ich hatte kein Nudelholz und nahm stattdessen einen dicken Stock, doch damit verteilte ich das Gerstenmehl nur in der ganzen Küche. Ich ließ den Stock sinken und entschuldigte mich bei Jane und Martin, die grinsend dasaßen. Die beiden leben auf einer abgelegenen Farm in Lake District, kochen auf einem Holzofenherd und haben nur Strom, wenn sie gelegentlich ihren Generator einschalten. Sie waren es also gewohnt, auf ihr Essen zu warten.

Um ihnen die Zeit zu vertreiben, bis die Fladen fertig waren, erzählte ich ihnen, was Dorothy und William Wordsworth über Gerstenfladenbrote berichtet haben. Die Geschwister hatten im September 1803 Schottland bereist und übernachteten meist in Gasthöfen. Fast überall wurden ihnen »Hafer- und Gerstenbrote«, also Fladen, serviert. Weizenbrot war auf dem schottischen Land seinerzeit nahezu unbekannt, da man dazu einen Backofen benötigte, und den gab es nur in größeren Städten mit Bäckereien. Die Haferbrote waren den Wordsworths oft zu hart, aber Dorothy fand Gerstenfladen gut, »sofern sie dünn sind und heiß gegessen werden«. Genau so wollte ich meine machen.

Fladenbacken wurde bald zur täglichen Routine, sobald die Glut im Ofen heiß genug war.

An diesem ersten Tag drang das Tageslicht erst spät in mein »Schlafzimmer«.

Ich finde, dass sie mir beim ersten Mal nicht sonderlich gut gelangen. Meine Gäste waren hingegen begeistert, jeder Fladen schmeckte anders. Als ich später mehr Übung hatte, waren meine Fladen gleichmäßig dick, außen knusprig und innen weich. Man kann sie durchaus mit leckerem, indischem Fladenbrot vergleichen. Ein Besucher war von ihnen so angetan, dass er meinte, sie müssten die gleichen Endorphine freisetzen wie Schokolade. Auf diese Idee wäre im Schottland des 18. Jahrhunderts natürlich niemand gekommen, aber er hatte Recht: Gerstenfladen machen süchtig!

Der Kessel hatte die ganze Zeit neben dem Ofenrohr gestanden. Das Wasser war zwar warm, aber nicht heiß. Man musste den Kessel direkt in die Glut stellen, um Tee kochen zu können. Ich hatte ihn bis zum Rand gefüllt, deshalb dauerte es ewig, bis es kochte. Hier musste es eine bessere Lösung geben. Ich besaß einen kleineren Kupferkessel, doch der leckte. Wenn man ihn flicken würde, könnte man ihn zum Wasserkochen nutzen, indem man ihn mit warmem Wasser aus dem großen Kessel füllte. Die Frage war nur, wo man einen Kesselflicker herbekommen sollte! Wir sprachen über unsere Kindheit, in der diese umherziehenden Handwerker die Töpfe und Pfannen unserer Mütter ausgebessert hatten, und überlegten, wie viele Leute sich wohl noch an sie erinnern könnten.

Nach dem Frühstück fiel mir ein, dass ich mich noch nicht gewaschen hatte. Das heiße Wasser reichte nur noch für den Abwasch. Nachdem das erledigt war, ging ich über den Hof, um den Kessel erneut zu füllen. Doch an diesem Tag kamen so viele Leute vorbei, dass ich schon in den ersten 24 Stunden Patina ansetzte.

PORRIDGE! DAS SCHOTTISCHE NATIONALGERICHT

Lassen Sie vorgefertigte Frühstückszerealien besser stehen und kochen Sie wieder Haferbrei. Laut meinem Onkel Jack muss man ihn im Stehen essen, mit dem Rücken zum Ofen. In meinem Cottage habe ich das nicht gemacht, außer, wenn es besonders kalt war. Mit herkömmlichen, zarten Haferflocken können Sie Porridge in 5 Minuten herstellen, mit kernigen dauert es etwas länger. Am besten ist aber Hafermehl. Es enthält mehr Vitamine und Mineralien als handelsübliche Haferflocken, die mit Dampf behandelt werden; dadurch gehen wertvolle Inhaltsstoffe verloren.

Porridge lässt sich auf verschiedene Arten zubereiten. Wenn Sie einen AGA (Herd aus Gusseisen) oder einen Holzofen besitzen, geben Sie einfach etwas Wasser zur Grütze im Topf, verschließen diesen und lassen ihn über Nacht an der kühlsten Stelle des Ofens stehen. Oder Sie bereiten den Porridge am Vorabend zu, so wie unsere Großmütter es wahrscheinlich gemacht haben. Die Garzeit beträgt etwa 12 Minuten. Morgens muss der Haferbrei nur noch kurz erhitzt werden.

30 bis 40 g Hafermehl pro Person, je nachdem, wie fest Sie Ihr Porridge mögen
260 ml Wasser pro Person
etwas Salz, wird kurz vor dem Servieren zugefügt

Sie können die Zutaten entweder am Vorabend in einem Topf vermengen und am nächsten Tag langsam erhitzen (das kann auch in einer Mikrowelle geschehen, doch dann gehen wichtige B-Vitamine verloren) oder Sie halten sich an die traditionelle schottische Zubereitungsart. Hierfür das Wasser in einem Topf zum Kochen bringen und das Hafermehl unter ständigem Rühren dazurieseln lassen. Bei dieser Methode muss man zwar stärker darauf achten, dass sich keine Klumpen bilden, dafür bleibt die Konsistenz der einzelnen Körner besser erhalten und der Brei schmeckt nussiger. Bei milder Hitze etwa 10 Minuten köcheln lassen, dabei gelegentlich umrühren. Beiseitestellen. Morgens langsam erhitzen, damit nichts am Topfboden ansetzt.

Nach Belieben Joghurt, Milch, geriebenen Apfel oder Pflaumen dazu reichen. Mit Honig oder braunem Zucker süßen.

Echtes Fitness-Frühstück! Haferbrei ist sehr gesund und wärmt den Magen an einem Wintermorgen.

HAFERMEHLGRÜTZE (BROSE)

Dieses Gericht ist fast in Vergessenheit geraten, dabei schmeckt es aromatischer als Porridge. Sie brauchen eventuell etwas mehr Hafermehl als Haferflocken bei Porridge, damit auch jeder satt wird. Hafermehlgrütze wird auch mit Erbsenmehl gemacht. Diese Grütze bildete einst ein traditionelles Frühstück, doch der intensive Geschmack ist heutzutage vielleicht nicht jedermanns Sache.

60 g Hafermehl (etwa 15 g pro Person)
etwas Salz
kleines Stück Butter
60 ml kochendes Wasser (weniger, wenn die Grütze fester sein soll)

Hafermehl, Salz und Butter (kann man auch weglassen) in eine Schüssel geben. Mit kochendem Wasser übergießen und mit einem Holzlöffelstiel (in alten Rezepten wird ein Hornlöffel verwendet) verrühren, bis die Masse leicht klumpt (wenn Sie zu lange rühren, wird die Grütze zu dünnflüssig). Sofort servieren, die Grütze kühlt schnell ab. Deshalb sollten Sie eine vorgewärmte Schüssel zum Anrühren nehmen.

Ich habe in diesem Jahr täglich viele Kilometer zurückgelegt. Ich ging ständig über den Hof, um Wasser oder Kienspan zu holen, die Asche zu entsorgen oder sonst was zu tun. Mein Holzvorrat lag an einem Ende des Hofes, der Garten am anderen. Wenn ich mein Büro im Wohnhaus benutzen musste, um zu arbeiten, habe ich den Hof dutzendfach überquert. Unsere Vorfahren müssen ständig in Bewegung gewesen sein. Sie hatten wahrscheinlich häufig größere Entfernungen zu überwinden, um an Wasser zu kommen, als ich; mein Wasserhahn ist im Hof. Der Brennstoff lag sicher auch nicht direkt vor der Haustüre.

Für meinen Holzvorrat hatte ich bereits gesorgt. Er bestand größtenteils aus herabgefallen Ästen von meinem eigenen Anwesen, ich hatte aber im Jahr zuvor zusätzlich noch einige Ster Holz gekauft. Bei uns wurde Brennholz immer vorbildlich behandelt: Es wird in Scheite gehackt und dann mindestens ein Jahr lang in einer gut belüfteten Hütte gelagert, im Idealfall auch zwei Jahre. Das ist ein echter Luxus. Die Mehrheit der Landbevölkerung lebte im 18. Jahrhundert in derart einfachen Häusern, dass die Holzlagerung ein beachtliches Problem dargestellt haben muss. Der örtliche Baustil tat sein Übriges. In vielen Ländern haben Bauernhäuser Traufen, unter denen man Holz schichten kann. Das war in Schottland nicht der Fall, die Holzstöße mussten separat errichtet und zudem noch abgedeckt werden. Es ist ziemlich schwierig, einen Holzstoß vor Regen zu schützen, wenn man ihn nicht mit einem frei stehenden Dach versieht. Vorausgesetzt, es gab überhaupt genug Holz. Im 18. Jahrhundert wurden die schottischen Wälder zugunsten der Schafzucht rigoros gerodet, die wenigen verbliebenen Bäume waren Eigentum der Lehnsherren, deshalb war Holz in vielen Gemeinden eine Seltenheit. Die Leute nahmen Stechginster oder Dung als Brennmaterial, diese Praxis ist ja heute noch in armen Ländern verbreitet.

Meine Axt. Energisches Holzhacken fiel mir erstaunlich leicht. Daneben zur Ablagerung geschichtete Scheite.

Ausgerollte Fladen, die nun
gebacken werden können.

Unten sieht man die Fladen
auf dem heißen Blech.

GERSTENFLADEN

Diese Fladen sind mit ziemlicher Sicherheit die älteste Brotform, die
es in Schottland gibt. Bevor man gusseiserne Bleche hatte, wurden sie
auf heißen Steinen gebacken.

Früher nahm man für das Rezept Wildgerste, heute ist es
Kulturgerste, die hauptsächlich auf Orkney angebaut wird.
Gerstenfladen, die im modernen Schottland zum Verkauf angeboten
werden, enthalten auch Weizenmehl und ein Triebmittel.
Frisch vom Blech schmecken die Fladen am besten, sie sind dann
außen knusprig und innen saftig.

Für etwa 8 Fladen:
260 ml Milch
25 g Butter
1 Prise Salz
150 g Gerstenmehl

Milch, Butter und Salz in einem kleinen Topf erhitzen, bis die Butter
schmilzt. Vom Herd nehmen. Das Gerstenmehl einrühren. So lange
rühren, bis ein klebriger Teig entsteht, der sich von den Topfwänden
löst. Den Teig auf ein bemehltes Brett legen, zu einem Kreis flach-
drücken und in 8 kleine Stücke teilen. Jedes Stück zu einem dünnen
Fladen mit einem Durchmesser von 12 bis 15 cm ausrollen. Die aus-
gerollten Fladen können vor dem Backen 1 bis 2 Tage aufbewahrt
werden. In einer schweren Pfanne ohne Fettzugabe oder auf einem
heißen Blech auf jeder Seite 5 Minuten backen. Noch heiß servieren.

MISCHFLADEN

Ich habe diese nahrhaften Fladen ausprobiert,
für den heutigen Gaumen sind sie vielleicht ein
wenig eigenwillig. Hierfür mischt man Gersten-,
Hafer-, Erbsen-, Roggen- und Weizenmehl in
beliebigem Verhältnis. Die restliche Zubereitung
ist die gleiche wie im Rezept auf Seite 35. Man
könnte auch Sonnenblumen- oder Kürbiskerne
unter den Teig mischen, diese hatte ich im
Cottage leider nicht. Doch Experimentieren lohnt
sich immer.

Holzhacken hat mir
Spaß gemacht, doch
es war mühsam, den
Korb zum Cottage zu
tragen. Er ist enorm
schwer und unhand-
lich, vor allem in
Schnee und Eis. Körbe
im Vorraum des Cottag
(links oben).

Ein Holzträger auf
einem Stich von
Bewick.

Im Garten gibt es in diesem Monat relativ wenig zu tun, bis auf das gelegentliche Ernten von Kohl. Bei gelagerten Äpfeln und Zwiebeln müssen verfaulte Exemplare aussortiert werden. Jetzt ist die richtige Zeit, um bei kostbarem Tageslicht Dinge wie ein Trockengestell zu fertigen oder Fenster und Türen abzudichten.

Zu meinen wichtigsten morgendlichen Aufgaben wurde das Sammeln und Verarbeiten von Holz. Bei meinem Morgenspaziergang mit dem Hund schleppte ich Äste mit nach Hause, die ich kleinhackte oder auf die ich sprang, um sie zu Brennholz zu zerkleinern. Ich lernte, wie man Scheite mit einer Fällaxt spaltet. Das ist traditionell eigentlich Männerarbeit, meine Söhne reißen sich darum. Ich begriff bald, warum: Es macht Spaß! Sobald man herausgefunden hat, wie man die Axt richtig hält, kann man sie mühelos auf Scheit heruntersausen lassen, mit einem lauten »Klank!« nur so auseinanderfliegt. Das ist eine schweißtreibende Angelegenheit, die das alte Sprichwort bestätigt, Holz wärme einen mehr als nur einmal. Die einzige Schwierigkeit bestand für mich darin, den vollen Korb ins Haus zu tragen. Ich benutzte einen Fischerkorb, mit dem einst frische Heringe abgewogen wurden, und zwar 170-kiloweise! Diese Wiegekörbe sind mittlerweile aus Plastik, doch ich besitze noch ein paar aus Weiden geflochtene. Wenn ich historische Darstellungen von Frauen mit Körben auf dem Rücken ansehe, stelle ich fest, dass ihre Körbe nicht wesentlich kleiner sind – unsere Ahninnen waren starke Frauen.

Auch ich wurde zunehmend kräftiger und mein Tagesablauf gestaltete sich bald nach einem festen Rhythmus. Beim ersten Tageslicht kroch ich aus dem Bett, warf mir einen Schal über, schlüpfte in selbst genähte Filzpantoffeln und schürte das Feuer. Meist konnte ich es mit ein paar Zweigen und reichlich Luftzufuhr wieder entfachen. Manchmal war die Asche jedoch kalt, dann musste ich ganz von vorne anfangen und mit der Zunderbüchse hantieren. Der Zunder besteht aus einem getrockneten Pilz, dem Zunderschwamm, der mit Salpeterlösung behandelt wurde. Wenn Feuerstein an einem Stück Stahl angeschlagen wird, erzeugt das einen Funken, der den Zunder in Brand setzt. An ihm kann man zuerst einen Holzspan entzünden und dann eine Kerze. Sobald das Feuer brannte und der Kessel auf dem Herd stand, unternahm ich einen Spaziergang mit dem Hund.

8. Januar. Stürmisches, nasses Wetter: Der Fluss führt noch mehr Wasser als gestern. Die Erle am Zusammenfluss der Bäche ist von einer wilden Strömung eingeschlossen.

27. Januar. Sah einen Eisvogel in der Nähe des Tweed, den ersten seit über 20 Jahren.

In den 1790ern hatten viele Leute einen Hund. Ein Umstand, den manche Pfarrer im *First Statistical Account* kritisieren: »Sie bezeichnen sich als arm, aber einen Hund können sie sich leisten.« Ich bezweifle allerdings, ob es diesen hart arbeitenden Menschen jemals in den Sinn kam, einfach durch die Gegend zu spazieren. Mein allmorgendlicher Ausflug mit dem Hund war also ein Luxus, den ich mir in Jeans, Gummistiefeln und Regenkleidung leistete. Das ersparte mir auch das Auswringen der Wollsachen.

Wenn ich eine halbe Stunde später zurückkam, kochte mit etwas Glück das Wasser. In der Regel gab es Kräutertee aus Zitronenmelisse, Pfefferminze oder Rosmarin, die ich im Sommer geerntet und dann getrocknet hatte. Ich gewöhnte mir bald an, den Porrigde bereits am Vorabend zu kochen, er musste daher nur noch aufgewärmt werden. In der Zwischenzeit füllte ich heißes Wasser in einen großen Zuber aus Terracotta und machte Katzenwäsche. Man musste dafür ganz schön tapfer sein, im Cottage war es so kalt, dass man den Atem sehen konnte. Die meisten Leute des 18. Jahrhunderts haben sich vermutlich nicht jeden Tag gewaschen, doch es ist schwierig, feste Angewohnheiten aufzugeben. Elizabeth Grant erinnert sich in *Memoirs of a Highland Lady* mit Schrecken daran, wie sie als Kind draußen in einen eiskalten Bottich getaucht wurde. Das Dienstmädchen hatte sicher Mitleid mit ihrem Schützling und fand die Prozedur wahrscheinlich barbarisch. Elizabeth hielt Reinlichkeit trotzdem für wichtig und beklagt sich später über eine Gouvernante, die das Waschen verbot und verlangte, dass die Kinder innerhalb von zehn Minuten Gesicht und Hände mit Wasser benetzt hatten und vollständig angezogen waren.

Ich brauchte meist länger, um meine Toilette zu beenden und die umständliche Kleidung anzulegen: leinenes Unterkleid, Mieder, zwei dicke Unterröcke aus Wolle, die gute Schürze, gefolgt von einer Arbeitsschürze und zum Schluss das kurze Kleid darüber. Danach hatte ich mein Porridge wirklich nötig.

Mitte Januar hatte sich mein anfänglicher Neuheitswert abgenutzt. Inzwischen hatten sich die meisten Nachbarn an meinen Anblick gewöhnt und tolerierten meinen Aufzug. Die selten vorbeikommenden Autofahrer taten mir ein wenig leid: Sie müssen sich verwundert die Augen gerieben haben, wenn sie mich in der Dämmerung sahen.

Eines nachmittags saß ich gerade am Fenster, um das letzte Tageslicht für eine Näharbeit zu nutzen, als ich im Hof Männerstimmen vernahm. Neugierig trat ich in den Türeingang. Am unteren Ende des Friedhofs neben meinem Wohnhaus standen zwei kräftige Schotten, die an einem stillgelegten Hahn Wasser holen wollten. Es waren Dachdecker vom Ort, Männer, die jedes Jahr mein Dach reparieren. Beim Geräusch des Türriegels blickten sie auf. Als sie auf die Erscheinung im Türrahmen starrten, wurden ihre roten Gesichter kalkweiß. Sie dachten, vor ihnen stünde ein Geist! Erst als ich sprach, kamen sie näher und erkannten mich. Als ich ihnen erklärte, warum ich in dieser Aufmachung herumlief, amüsierten sie sich köstlich. Für eine Zeitung zu schreiben war wohl ein ausreichender Vorwand, um solch ein ausgefallenes Kostüm zu tragen. Sie gingen kichernd davon.

Trotz der Kälte und den langen, dunklen Stunden hat der Winter auch schöne Seiten: Die Bäume sind von Reif überzogen und der Himmel ist stimmungsvoll.

Dieser Vorfall half mir, meine Scheu zu überwinden. Bis jetzt hatte ich von Weihnachtsvorräten gelebt. Ein guter Freund hatte mir Milch gebracht, mehr brauchte ich nicht. Doch jetzt fehlten mir Butter, Käse und mehr Milch. Ich traute mich anfangs nicht, die fünf Kilometer bis ins Dorf zu laufen. Meine Freundin Mary, die gerade zu Besuch war, gab mir das nötige Selbstvertrauen. Hier ist mein Tagebucheintrag jenes Tages:

Mit Mary nach Innerleithen gegangen. Von der Brücke über den Tweed aus sahen wir einen Eisvogel. Er flog durch das Waldstück, das entlang des Flusses verläuft. Er war der Erste, den ich seit 20 Jahren hier erblickte, obwohl ich glaube, einmal einen in der Nähe vom Traquair House Pond gesehen zu haben. Der Rest des Weges war recht ereignislos.

Der Fleischer Adrian Keddie und seine Frau kamen extra aus ihrem Laden, um mich zu begrüßen und mir ihren nach altem Rezept hergestellten Speck anzubieten. Im Postamt waren keine alteingesessenen Dorfbewohner, niemand dort kommentierte meinen Aufzug. Wir erledigten unsere Dinge, als ob nichts dabei wäre, dass ich ein altertümliches Kleid trug und eine lächerlich aussehende Haube.

Ich frage mich, wie lange wir das durchhalten werden.

Zu Hause stellte ich fest, dass meine Kleider unten völlig durchnässt waren. Wir waren auf Asphalt gegangen, wie mag das erst im Schlamm gewesen sein?

SPEISEKAMMER IM JANUAR:

Kohl

Rosenkohl

Lauch

Aus dem Vorrat: Kartoffeln, Karotten, Zwiebeln, Trocken- erbsen und -bohnen, Äpfel

Aus dem Garten: Pastinaken, Lauch, Steckrüben, Winter- kohl, Rosenkohl (der ist zwar in meinen Quellen nicht ver- zeichnet, ich hatte ihn aber angebaut und wollte ihn deswegen nicht verkommen lassen.)

In meinen Tagebucheintragungen vom Januar ist ein Besucher nach dem ande- ren verzeichnet. Ich litt also nicht unter Einsamkeit, obwohl ich die Abende zunehmend als belastend empfand. Ich konnte bei Kerzenlicht nicht lange lesen und was mir richtig abging, war das Radio. Es war eine bedrückende Aussicht, ein ganzes Jahr lang keine Musik auf Knopfdruck zur Verfügung zu haben. Es gab durchaus wun- derbare Momente, zum Beispiel, wenn ich bei Mondlicht aus dem Cottage trat und das Schattenspiel der Bäume auf der Stallwand sah. Doch meist war ich an den langen Abenden ein wenig niedergeschlagen.

Um mich aufzuheitern, plante ich eine Party an Burns Night (Fest am 25. Januar zu Ehren des schottischen Dichters Robert Burns, 1759–1796) und lud die Nachbarn ein.

Traditionelles Gericht an Burns Night: Schafmagen und Steckrüben.

Der Stich von Thomas Bewick zeigt einen Festgast des 18. Jahrhunderts, der offensichtlich zu viel gegessen hat.

Fröhliches Beisammensein im Winter.

Wir waren insgesamt elf Personen, darunter auch eine junge Chinesin, die gerade bei einem Freund zu Besuch war. Ich ging nochmal zum Fleischer, um Schafsinnereien und Schafsmagen zu kaufen. Dann schälte und hackte ich stundenlang Steckrüben. Da ich nur einen großen Topf hatte, wurde die Zubereitung des traditionellen Gerichts eine kleine Herausforderung. Die Kartoffeln dämpfte ich in einem Tuch über den Rüben, aber es dauerte ewig, bis alles kochte. Ich musste das Feuer den ganzen Nachmittag schüren und der Ofen wurde so heiß, dass ich das Gemüse auf dem Herd warm halten konnte, während ich den gefüllten Schafsmagen im Topf garte.

Die Gäste kamen in unterschiedlichen Kostümen. Brian und Pam trugen Gutsherrentracht, andere hatten Schottenröcke oder Schultertücher mit Karomuster angezogen. Die brauchten sie auch, denn obwohl mir das Cottage geradezu tropisch warm vorkam, war es recht kühl. Jeder hatte etwas zum Vortragen mitgebracht und in Erinnerung an Geralds ersten Besuch bei mir entstanden folgende Zeilen:

Gerald, Gerald, brennt lichterloh
Im Ochsenstall, wo Tag zur Nacht wird froh.

KAPITEL 4
Lichtverhältnisse

E IN GRUND, warum ich wie in der Vergangenheit leben wollte, war mein Zorn auf unsere Wegwerfgesellschaft. Mich regt nicht nur die Verschwendung auf, mit der Waren gekauft und nach kurzer Zeit wieder entsorgt werden. Durch diesen Kreislauf wird menschliches Bestreben in seiner Ganzheit negiert. Früher hatten die Menschen weniger Ressourcen. Sie mussten ihre Fähigkeiten und ihren Einfallsreichtum einsetzen, um die Dinge zu erhalten, die sie für das tägliche Leben brauchten. Sie mussten Gegenstände anfertigen und reparieren, sie mussten improvisieren und erfinden. Das gefällt mir. Ich mag zwar nicht über alle Fertigkeiten verfügen, aber ich habe die Bereitschaft dazu. Durch meinen Entschluss, ein Leben ohne modernen Komfort zu führen, stellte ich mich der Herausforderung, die praktische Seite in mir zum Vorschein kommen zu lassen.

Aktiv sein war während meines »Jahrs in der Vergangenheit« nicht nur eine physische, sondern auch eine psychologische Notwendigkeit. Tagsüber war es nicht weiter schwierig, sich zu beschäftigen: Ich musste die Hausarbeit erledigen, Besucher empfangen, Briefe schreiben, nähen und Gemüse putzen. Ich lernte rasch, wie man das Tageslicht effektiv nutzt. Die Abende wurden hingegen zur Qual. Bei Kerzenlicht zu nähen ist genauso anstrengend wie Lesen bei flackernder Flamme. Ich benötigte irgendeine Handarbeit, die ich auch bei schwachem Licht ausführen konnte.

Ben und Caroline hatten die rettende Idee. Sie hatten Dove Cottage im Lake District besucht; dort hatten die Wordsworths einige Jahre gelebt. Die Flickenteppiche, die den Boden von Dove Cottage bedecken, beeindruckten sie derart, dass sie beschlossen, selbst einen zu fertigen. Als Unterseite nahmen sie einen Leinensack, auf den mit einer Ahle in Streifen geschnittene, alte Kleidung genäht wird. Sie brachten mir ein halbfertiges Exemplar mit. Jane Brimmer lieh mir zwei ihrer Ahlen.

Mein Flickenteppich mit zwei handgemachten Ahlen.

Der Vorraum des Cottage, wo ich mein Geschirr (und mich!) wusch. Rechts sieht man mein selbst gebautes Abtropfgestell. Es war äußerst praktisch.

Das Teppichprojekt war ein Segen. Es war eine Wonne, mit den handgemachten Ahlen zu arbeiten. Eine war aus Hirschgeweih, die glatte Oberfläche war durch häufigen Gebrauch entstanden. Die andere war ein Holzdübel aus einer Sackkarre, die aus der Zeit des Zweiten Weltkriegs stammte. Da ich zwei Arbeitsgeräte hatte, konnten sich Freunde an der Arbeit beteiligen. Es war auch sehr befriedigend, alten Stoff in einen sinnvollen Gebrauchsgegenstand zu verwandeln.

Die zweite Fertigkeit, die ich mir aneignen wollte, war Besenbinden. Als Mary kam, gingen wir Birkenreisig sammeln. Kichernd stellten wir fest, wie passend es sei, dass zwei alte Weiber Reisigbesen machen wollten. Wir dachten, das wäre einfach und befestigen dünne Birkenzweige bündelweise an einem dicken Stiel aus Haselnussholz. Das Bündel war jedoch nicht gleichmäßig und drehte sich um den Stiel. Wir hätten erst das Bündel machen und dann den Stiel hindurchtreiben sollen, doch das haben wir erst nachgelesen, als unsere Besen bereits fertig waren. Zumindest waren sie einsetzbar.

Kurz darauf wurden meine praktischen Fähigkeiten erneut auf die Probe gestellt. In den ersten Wochen hatte ich mein Geschirr vom Abendessen im Halbdunkel des gepflasterten Vorraums abgewaschen und zum Trocknen auf der mit einer Schieferplatte abgedeckten Werkbank gestapelt. Es war Januar, es war kalt und feucht. Die beiden handgedrechselten Holzschalen, meine (fast) zeitgenössischen Teetassen, die Hornbecher, die Holzteller, alles stand in der Nässe. Mein Geschirr wurde nicht trocken, außerdem schadete die Feuchtigkeit natürlich dem Holz. Ich musste mir etwas einfallen lassen, doch auf solche Aufgaben hatte ich ja gehofft. Schließlich ging es darum, in der »Wildnis« überleben zu können.

Ich ging in den Obstgarten und schnitt ein paar gerade Äste vom Hasel-nussstrauch. Diese kürzte ich auf die passende Länge und machte mich daran, ein Abtropfgestell zu bauen. Es dämmerte bereits, ich musste mich mit einer Kerze neben mir auf den Fußboden setzen, damit ich genug sah. Ich wollte das Gestell aber unbedingt noch am selben Tag fertig bekommen, selbst als mir die kurzen Stücke für die Abtropffläche ausgingen. Ich zündete eine kleine Zinnlaterne an und ging in die Holzhütte, um nach Kleinholz zu suchen, das vielleicht geeignet wäre. Ich fand nicht nur passende Holzstücke, sondern auch Schnüre, mit denen ich das Gestell binden konnte. Ich brachte zusätzlich ein paar Querverstrebungen an. Mein Gestell war so stabil, dass es selbst meinen skeptischen Sohn überzeugte. Ich hatte es ohne fremde Hilfe angefertigt, vor allem ohne die ewigen Besserwisser, und war verdammt stolz darauf.

Außerdem funktionierte es hervoragend: Die Teller standen aufrecht darin, die Holzbürsten und sogar meine uralten Messer und Gabeln fanden dort Platz. Ich musste das Besteck nur noch rasch mit einem Tuch trockenreiben, damit es nicht ros-tete. Es war aus unlegiertem Stahl, die Gabeln waren dreizackig und die Messer gefährlich scharf. Das Besteck hatte ich bei einem Trödler erstanden, als ich 15 war. Wenig später kaufte ich die Teetassen und die Teedose aus dem 18. Jahrhundert. Der Kupferkessel war ein Geschenk zu meinem 21. Geburtstag. Irgendwie hatte ich mich mein ganzes Leben lang auf diesen Zeitsprung vorbereitet.

Meine Gebrauchsgegenstände waren jedoch nicht alle alt. Der Holzeimer, mit dem ich Wasser holte, wurde etwa in einer modernen Küfterei in Finzean in der Graf-schaft Aberdeenshire hergestellt. Als ich mich dort aufhielt, um einen Artikel über die kürzlich restaurierten Mühlen aus dem 19. Jahrhundert zu schreiben, erwarb ich das hübsche Stück. Es erwies sich im Cottage als unschätzbar wertvoll:

Wenn ich mit meinem Eimer über den Hof gehe oder wenn ich damit Wasser in den Krug gieße, fühle ich mich tatsächlich in ver-gangene Zeiten zurückversetzt. Wie eine Frau in einem Gemälde von Vermeer. Der lebte zwar im 16. Jahrhundert, aber mein Gewand ähnelt so tark dem blauen Kleid, das eine seiner Figuren trägt, dass ich das Gefühl habe, in jener Zeit zu leben.

Liebevoll gehütet: Holzeimer und Topf aus Gusseisen.

Ich wünschte, ich hätte mir einen zweiten Holzeimer leisten können. Doch der Preis von 80 Euro hätte meinem Gehalt für drei Wochen entsprochen, ich musste mir also eine Alternative ausdenken. Einen Plastikeimer unter der Werkbank zu verstecken, wäre keinesfalls infrage gekommen. Schließlich entschied ich mich für einen aus weißem Email, der etwa 80 Jahre alt war. Er war zwar nicht handgemacht, doch ich brauchte schlicht einen Eimer für das Schmutzwasser, weil es keinen Abfluss gab (ein Haushalt, in dem es nur einen Eimer gab, muss wirklich arm gewesen sein).

Die Gegenstände, die ich über die Jahre gesammelt habe, sind nicht besonders wertvoll. Der gusseiserne Topf, die Bratpfanne, mein Mieder, der große Kessel, in dem ich das traditionelle Gericht an Burns Night gekocht habe – all diese Dinge sind Teil der schottischen Geschichte. Leider gibt es zu wenige Menschen, die das wertschätzen. Früher war ich darüber empört, doch nachdem ich einige Monate in meinem Cottage verbracht hatte, wurde ich nachsichtiger. Das Leben in den einfachen Unterkünften der Landbevölkerung war eine Schinderei, die sich für viele bis ins 20. Jahrhundert hinein fortgesetzt hat. Es ist nur zu verständlich, dass Menschen, die im Rauch des offenen Feuers aufwuchsen, die kein fließendes Wasser oder einen Abfluss hatten, sich für den Fortschritt begeisterten. Kein Wunder, dass sich ihr Respekt für Dinge aus der Vergangenheit in Grenzen hält. Die Vergangenheit ist zu demütigend und zu nah. Das gilt auch für historische Gebäude. Ein Freund von mir arbeitet für die Denkmalschutzorganisation »Historic Scotland«. Er erzählt, dass viele Leute ganz wild darauf sind, alte Häuser loszuwerden. Er begutachtet dann vielleicht ein reizendes Cottage aus dem 18. Jahrhundert, ähnlich wie meines. Doch die Besitzer schwören, es sei eine Schande und gehöre abgerissen. Die Dichtkunst von Robert Burns wird vielleicht verehrt, aber die originalgetreuen Häuser seiner Zeitgenossen werden an vielen Orten noch immer niedergerissen.

Es wurde Februar. Ich freute mich über die Rückkehr der Zugvögel und dass die Tage länger wurden. Plötzlich konnte man um fünf Uhr nachmittags wieder ohne Kerzenlicht Gemüse schneiden. Doch das Monatsende brachte ein ganz anderes Problem: Schnee. Er überraschte mich, als ich gar nicht mehr damit gerechnet hatte. Eines Nachts wurde es schrecklich kalt und obwohl ich vor dem Kamin saß, waren meine Hände blau. Ich verschloß die Fensterläden, dichtete die Dachluke mit Vlies ab und trank Grog, bevor ich mit meinem heißen Stein zu Bett ging. In meinem Tagebuch steht:

Meine Clogs sind nichts für tiefen Schnee.

Meine Galloway-Holzschuhe sind für Schnee nicht geeignet, ich muss in Lederstiefeln herumlaufen und bin froh, dass ich sie habe. Damals trugen Frauen oft gar keine Schuhe. Dorothy Wordsworth notiert 1803 in Dumfriesshire: »traf zwei gut gekleidete Reisende, die Frau war barfuß«. Der 70-jährige John Ballantyne kann sich sogar daran erinnern, dass in den 1920ern in Glasgower Läden Frauen standen, die barfuß waren. Bei der Vorstellung, meinen verschneiten Hof ohne Schuhe überqueren zu müssen, endet meine Liebe zur Authentizität.

NATURBEOBACHTUNGEN

12. Februar. Warmer Tag: Auf den Schneeglöckchen sitzen grüne Fliegen. Ich habe mich stets gefragt, ob diese Blumen irgendeinen Duft verströmen, hier ist der Beweis.

Das Geißblatt in der Hecke und das beim Kompost treiben aus.

14. Februar. Habe die ganze Nacht die Eulen gehört. Sie müssen Junge haben.

22. Februar. Höre immer wieder die schrillen Rufe der Austernfischer.

27. Februar. Eine Schleiereule zog über dem schmelzenden Schnee ihre Kreise.

Der frisch gefallene Schnee verleitete mich zu einem zweiten Spaziergang. Die Zweige der Nadelbäume waren so dicht, dass die schmalen Pfade schneefrei waren. Die mit Schnee beladenen Bäume sahen wie ein verzauberter Märchenwald aus. Dieses Vergnügen war den Menschen in den 1790ern freilich unbekannt. Bis auf ein paar vereinzelte Eiben in den Schluchten der Highlands und Kiefern gab es in Schottland in jener Zeit kein Nadelgehölz. Direkt vor mir standen ein paar Kiefern. Prächtige Bäume, dachte ich, bis mir eine von ihnen einen Schneeschauer in den Kragen schickte. Nach ein paar Schritten kamen Birken in Sicht. Ihre dünnen Zweige waren mit Schnee überzuckert. Dieser Anblick muss die Menschen damals für einen Moment lang in eine andere Welt versetzt haben. Ich stapfte nach Hause. Dort angekommen musste ich feststellen, dass meine Lederstiefel lediglich zum Gärtnern sehr praktisch waren. Ich hatte mir eine Blase gelaufen.

Speisekammer im Februar:

Aus dem Vorrat: Kartoffeln,
Zwiebeln, Karotten, Trockenerbsen und -bohnen, Äpfel

Aus dem Garten: Lauch,
Pastinaken, Kohl, Steckrüben

Kohl

Steckrüben

ARBEITEN IM FEBRUAR
· Beet anlegen und Bohnen
  aussäen.
· Kohlrabi im Haus vorziehen.

Holzhacken gehörte nicht
nur im Februar zu meinen
täglichen Pflichten.

HAFERKEKSE

Ich fand es schwierig, auf meinem Blech gute Haferkekse zu
backen. Ich probierte viele Rezepte aus, darunter auch das folgende.
Sie wurden am besten, wenn ich anstelle von heißem Wasser Molke
verwendete. Es ist auf jeden Fall einfacher, die Kekse in einem Ofen
zu backen, auch wenn das damals nicht üblich war. Ich muss
zugeben, dass ich die Kekse lieber kaufe als selber mache.

Marian McNeills Haferkekse

120 g Hafermehl
1 Prise Backsoda
1 Prise Salz
1 TL geschmolzenes Gänse-, Enten- oder Hühnerfett oder Butter

Trockene Zutaten in eine Schüssel geben und in die Mitte ein Mulde
drücken. Nach und nach unter Rühren heißes Wasser oder heiße
Molke zufügen, bis ein fester Teig entsteht. Rasch durchkneten,
dann auf ein bemehltes Brett geben. 2 cm dick ausrollen und in
gleich große Rechtecke schneiden. Auf einem mittelheißen Blech
backen, bis sich die Ränder
aufbiegen. Vom Blech nehmen
und die andere Seite vor einem
»hell lodernden Feuer« rösten.
Sie können die Kekse auch bei
Mittelhitze in einem herkömmlichen Ofen backen.

Marian gab mir den wertvollen
Tipp, die Kekse in der Lebens-
mittelkiste zu vergraben. Dann
bleiben sie lange frisch. Die
Menge ergibt etwa 8 Stück.

Eine weitere tägliche Aufgabe
war Holzsammeln.

→

Ich ernähre mich gut. Morgens gibt es Porridge und Gerstenfladen, mittags Brühe und Fladen sowie etwas Käse, den aufmerksame Freunde mitbringen, wenn sie mich besuchen. Abends esse ich Gemüse, das unterschiedlich zubereitet wird. Bratkartoffeln sind köstlich. Ich gare sie in einem schweren Topf mit etwas Wasser und Entenfett. Die Karotffeln werden nur geschrubbt und in Scheiben geschnitten. Auf einem kräftigen Feuer sind sie in einer halben Stunde fertig und müssen nur gelegentlich umgerührt werden. Gestern brauchten sie allerdings den ganzen Nachmittag, weil das Feuer nicht gut brannte. Steck-rüben und Pastinaken lassen sich auf die gleiche Weise zubereiten, hier kann man noch Koriandersamen und etwas Speck zufügen, wenn man möchte.

Zauberhafte Winterlandschaft.

Ich schüttelte meinen Umhang kräftig aus, prüfte, wie feucht die Säume meiner Unterröcke geworden waren (nämlich tropfnass) und schürte das Feuer, um mir etwas zu kochen.

Ich wollte in meiner schottischen Pfanne Lauch oder Kohl pfannenrühren und das Ganze mit getrockneten Kräutern und Gewürzen aus meiner Vorratskammer verfeinern. Oft waren es Kümmelsamen. Diese Gewürzpflanze wuchs damals vor fast allen Bauernhäusern in den Highlands. Pfannenrühren klingt vielleicht wie eine moderne Garmethode, doch Gemüse in Fett scharf anzubraten und dann unter Zugabe von etwas Wasser fertigzudüns-ten, ist althergebracht. Manche Gerichte, zum Beispiel der traditionelle schottische Kartoffel-Kraut-Auflauf mit dem hübschen Namen »Rumbledethumps«, werden exakt so zubereitet.

BRATKARTOFFELN

Kochen Sie ruhig einmal mit tierischem Fett. Offensichtlich haben wir hier etwas falsch verstanden: Nicht alle pflanzlichen Fette sind gesund, Olivenöl bildet eine Ausnahme. Man sollte tierische Fette nicht vollständig verteufeln, Entenfett ist zum Beispiel köstlich und zudem gesünder als Margarine oder manche Pflanzenöle. Mit diesem Rezept lassen sich über den Winter gelagerte Kartoffeln gut verwerten.

    großes Stück Entenfett
    pro Person 500 g Kartoffeln, geschält und in dünnen Scheiben
    etwas Wasser
    Salz und Pfeffer
    gemischte Trockenkräuter zum Würzen

Boden einer schweren Pfanne mit Entenfett ausreiben. Kartoffelscheiben hineinschichten und etwas Wasser zufügen. Mit Salz, Pfeffer und Trockenkräutern würzen. Pfanne verschließen und niedrig erhitzen. Hin und wieder rütteln. Nach 15 Minuten eventuell Wasser oder Fett zufügen, damit die Kartoffeln nicht ansetzen. Die Garzeit hängt von Hitze und Kartoffelsorte ab, beträgt aber etwa 1 Stunde.

RUMBLEDETHUMPS

Dieses Gericht mit dem klangvollen Namen erfuhr im Zweiten Weltkrieg eine Renaissance. Das Rezept ist für 4 Personen berechnet.

    1 kg Kartoffeln
    1 kg Weißkohl
    150 g Butter
    250 ml heiße Milch
    Salz und Pfeffer

Kartoffeln schälen, kochen und zerstampfen. Weißkohl fein raspeln und in etwas Butter anbraten. Etwas Wasser zugeben und den Kohl weich garen. Zerstampfte Kartoffeln und Milch untermischen. Restliche Butter unterrühren. Mit Salz und Pfeffer abschmecken.

GESCHMORTES WURZELGEMÜSE

Koriandersamen
pro Person etwa 120 g Steckrüben,
    Pastinaken, Karotten und Knollensellerie
Entenfett, Butter oder Olivenöl
etwas Wasser
getrocknete Kräuter, z.B. Thymian und
    Majoran
Salz und Pfeffer

Koriandersamen im Mörser grob zerreiben.
Gemüse putzen, schälen und in dicke
Scheiben schneiden. Fett in einer Pfanne
mit schwerem Boden erhitzen. Gemüse darin anrösten. Etwas
Wasser angießen, Koriandersamen und Kräuter darüberstreuen.
Pfanne gut verschließen, Hitze reduzieren und das Gemüse etwa
40 Minuten schmoren lassen. Zwischendrin eventuell mehr
Wasser zugeben, damit nichts ansetzt. Zum Schluss mit Salz
und Pfeffer würzen.

Bei den restlichen Gewürzen handelte es sich um getrockneten Ingwer, Zimtrinde, ganze Muskatnüsse und den Samenmantel der Muskatblüte. Diese Gewürze waren im 18. Jahrhundert alle verfügbar. Ich bewahrte sie in einer schönen Holzkiste auf, die ich voller Stolz herumzeigte, weil die Gewürze meine Speisen so schmackhaft machten. Mein Mörser war ebenfalls ein besonderes Stück. Er bestand aus dem Boden einer prähistorischen Steinschale, die mir mein archäologischer Mentor vererbt hatte. Die Schale stammt vermutlich aus dem Mittelmeerraum, doch in der frühen Eisenzeit hatten die Bewohner Schottlands ebenfalls solche Schalen. Davon können Sie sich überzeugen, wenn Sie das Crannog Centre in Perthshire besuchen. Dort kann man sich auch in prähistorischer Steinbearbeitung üben.

Frisch gelegte Eier.

54

Die prähistorische Schale diente mir als Mörser. Sie zählt zu meinen wertvollsten Sammlerstücken.

Meine Hühner lieferten mir stets frische Eier.

in Spätnachmittag m Februar.

Inzwischen legten die Hennen gut, daher gab es einmal pro Woche Eier zum Abendessen. Trockenerbsen und -bohnen musste ich über Nacht einweichen und dann sehr lange kochen. Das wurde an manchen Tagen zur Geduldsprobe, weil ich immer wieder Holz nachlegen musste. Mit Zwiebeln und Speck schmeckte das Gemüse sehr gut. Fleisch gab es meist nur, wenn Gäste etwas mitbrachten – etwa Wildschweinkoteletts oder Ziegenbraten. Auf meinem Speiseplan standen aber auch Kaninchen oder Fasane, die auf der Straße überfahren worden waren. Bei besonderen Anlässen schlachtete ich eins meiner Hühner. Jegliches Fleisch, dessen ich habhaft werden konnte, wanderte in den Kochtopf. Manchmal mit Zwiebeln, manchmal ohne. Oder ich machte Hotchpotch. Das ist ein Eintopfgericht, das

Fleisch, Karotten, Erbsen und Rüben enthält. Sir Donald Cameron of Lochiel servierte seinen Gästen 1734 auf Schloss Achnacarry Hotchpotch. Die darin enthaltenen Gemüsearten waren in den Highlands bis dahin unbekannt gewesen. Der überraschte Landadel ordnete bald das Anlegen von Gemüsegärten an, um Karotten, Erbsen und Rüben ebenfalls kultivieren zu können.

An kalten Abenden schürte ich das Feuer, setzte mich an den Tisch, zog meinen Schal fest um mich und arbeitete an meinem Flickenteppich, das hielt die Knie schön warm. Ich war zufrieden. Das Kerzenlicht verlieh dem Raum eine gemütliche Atmosphäre. Ich erfreute mich am Anblick der Zinnkrüge, der dickbäuchigen Fässer und des Fischkorbs, in dem die Holzscheite lagerten. All diese Dinge sind Teil einer Vergangenheit, meiner eigenen und der Menschen, die vor mir gelebt haben. Jeder Gegenstand hätte wahrscheinlich eine Geschichte erzählen können.

HOTCHPOTCH

1,5 kg Lammfleisch aus der Schulter
3 Handvoll Perlgraupen
Mischung aus jeweils mehreren Karotten,
    Rüben, Zwiebeln, Sellerie, Blumenkohl,
    Erbsen, Saubohnen und Kopfsalat,
    jeweils geputzt bzw. geschält und
    in mundgerechten Stücken
1 Handvoll gehackte Petersilie
Salz, Pfeffer und Muskatblüte (wurde
    im 18. Jahrhundert viel verwendet)

Fleisch und Perlgraupen mit 2 Litern Wasser aufsetzen.

Aufkochen lassen und aufsteigenden Schaum abschöpfen. 2 Stunden köcheln lassen. Wurzelgemüse und Sellerie zugeben. Nochmals etwa 1 Stunde simmern lassen. 20 Minuten vor dem Servieren Blumenkohl, Saubohnen, Erbsen und Kopfsalat zufügen. Lammschulter herausnehmen und das Fleisch vom Knochen lösen. Fleisch kleinschneiden und wieder in den Topf geben. Petersilie und Gewürze untermischen. Brot oder Gerstenfladen (Rezept Seite 35) dazu reichen. Das Rezept ist für 6 bis 8 Personen berechnet.

KAPITEL 5
Mache ich alles richtig?

DA ICH MICH erfolgreich in eine Matrone des 18. Jahrhunderts verwandelt hatte, fand ich es schwierig, in die Gegenwart zurückzukehren, als die Umstände es erforderten. Ich musste meine historischen Gewänder ablegen und mich aktuellen Bedürfnissen zuwenden. Zunächst nahm ich mein übliches Bad, für das Wasser im großen Kessel und im großen Topf erhitzt werden mussten. Da es kalt war, zog ich mich vor dem Kamin nur widerstrebend aus und kauerte mich in den hölzernen Waschtrog. Dieser war aus Bohlen gefertigt und war wahrscheinlich originalgetreu, zumindest hatte ich den gleichen in einer Zeichnung aus dem frühen 19. Jahrhundert gesehen. Zum Wäschewaschen war der Trog wunderbar geeignet, aber sitzen konnte man in ihm nicht, dafür war er zu schmal. Ich musste also stehen und spülte die Seife mit heißem Wasser aus einem Krug ab, den ich regelmäßig in den Eimer mit heißem Wasser tauchte.

Zum Abtrocknen nahm ich ein Leinentuch von 1830. Ich hatte bei einem befreundeten Antiquitätenhändler einen ganzen Berg Leinenwäsche gekauft, die einst einer Highlandfamilie gehört hatte. Jedes einzelne Stück ist von einer anderen Generation gekennzeichnet worden. Ich besitze sogar eines, auf dem die Zahl »96« mit Kreuzstich angebracht ist. Ich kann es zwar nicht beweisen, aber für mich sieht es so aus, als ob damit 1796 gemeint ist.

Nachdem ich in frische Kleider geschlüpft war, nahm ich mein Haar in Augenschein. Ich hatte es bis jetzt nicht gewaschen und es veränderte sich langsam. In meinem Tagebuch habe ich notiert, was dann geschah:

Man hat mir erzählt, dass ungewaschenes Haar nach sechs Wochen einen natürlichen Glanz annimmt. Darauf hatte ich gehofft. Vielleicht muss man sich dafür in sauberer Luft aufhalten, meine Haare sehen jedenfalls verfilzt und stumpf aus. Plötzlich überfiel mich der unwiderstehliche Drang, sie zu waschen. Ich musste erneut Wasser erhitzen und den Wascheimer säubern. Ich wusste nicht, wo die Prozedur stattfinden sollte; im Vorraum war es zu kalt und auf meinem Tisch wollte ich kein Wasser verschütten. Schließlich stellte ich den Eimer auf einen Stuhl, der auf einer Kiste stand und hielt eine Schüssel warmes Wasser zum Ausspülen bereit. Was für ein Aufwand! Ich nahm Olivenseife, die mir jemand geschenkt hatte. Der ganze Schmutz und Ruß von fünf Wochen wurde herausgespült!

Es dauerte eine Ewigkeit, bis alles für mein Bad bereit war. Geschirr oder sich selbst im Freien zu waschen kann nur im Hochsommer angenehm gewesen sein.

Am nächsten Morgen zog ich normale Sachen an und stieg in den Omnibus nach Edinburgh, den ich im Geist »Ehrenpostkutsche« nannte. Im Bus grübelte ich über das damalige Transportproblem nach. Wahrscheinlich hätte ich auf gar keiner Straße sein dürfen, wenn ich mich historisch korrekt verhalten wollte. In den 1790ern war zwischen Innerleithen und Peebles eine Mautstraße errichtet worden, der erste Teilabschnitt der Strecke hatte also bereits existiert. Zwischen den beiden Orten verkehrten Fuhrwerke, die Postkutsche nach Edinburgh ging aber sicher nur ein paarmal pro Woche. Die Fahrt von Peebles in die Stadt dauerte sicherlich einen ganzen Tag, da es keine befestigte Straße gab. Straßen wurden erst im ersten Jahrzehnt des 19. Jahrhunderts gebaut, diese späte Entwicklung betraf den Großteil Schottlands. Es ist also recht unwahrscheinlich, dass meine Ahnin Anne eine derartige Reise überhaupt in Betracht ziehen konnte.

Es gab einen triftigen Grund, warum ich meine historische Rolle kurzzeitig ablegte: Mein erstes Enkelkind war geboren worden! Ich war auf dem Weg zu meinem Sohn Ram und meiner Schwiegertochter Charlotte, um den beiden zu gratulieren und das Baby anzusehen. Ich war sehr aufgeregt und freute mich, in die Stadt zu kommen. Deshalb war ich erstaunt, dass es mir so schwerfiel, in die Gegenwart zurückzukehren. Als ich durch Edinburgh lief, fürchtete ich, jemanden zu treffen, der mich fragen würde, was ich hier mache und warum ich moderne Kleidung trage. Das ist mir an dem Tag nicht passiert, doch später schon. Die Euphorie, die ich empfand, als ich das Baby in meine Arme nahm, setzte diesem In-sich-Gehen ein Ende. Ich feierte das freudige Ereignis mit einer Freundin und fuhr am nächsten Tag mit dem Bus nach Hause, ohne auch nur einen Anflug eines schlechten Gewissens zu haben.

Doch die Frage nach der Authentizität ließ mich nicht los. Ich bereute es, mich für den gusseisernen Herd entschieden zu haben. Durch ihn wirkte das Cottage wie eine Kate im 19. Jahrhundert. David Jones von der Universität St. Andrews hatte seinen Besuch angekündigt und das machte mich nervös. David ist Experte für volkstümliches Mobiliar und weiß wahrscheinlich mehr über einfache schottische Inneneinrichtung als irgendjemand sonst. Wie würde er auf meine Rekonstruktion der 1790er reagieren? Würde er sie »fantasiereich« finden oder bloß albern?

Entweder war David großzügig oder das Cottage gefiel ihm wirklich. Der runde Tisch mit dem Sockelfuß und die drei einfachen Stühle begeisterten ihn. Er mochte auch die Kerzenleuchter aus Zinn, obwohl diese nicht antik, sondern nachgemacht waren, und die Talgkerzen. Ich hatte nur wenige Talgkerzen, sie waren eine Spende meines Beraters beim Feuermachen, plante aber, selbst welche herzustellen (siehe Kapitel 12). Da ich einen Experten im Haus hatte, war jetzt wirklich nicht der richtige Moment, zuzugeben, dass ich bis dato Wachskerzen hatte benutzen müssen. David bewunderte auch das Kastenbett, er fand es nur ungewöhnlich breit. Die Breite hatte sich durch die Maße der einstigen Werkbank ergeben, um die herum das Bett gebaut worden war. Historische Betten waren üblicherweise 165 Zentimeter lang und 90 Zentimeter breit, meines war größer, die Matratze hatte jedoch exakt die Maße 165 x 90.

Die Matratze hatte mir großen Kummer bereitet. Das Inlet hatte ich vor Weihnachten genäht und mit Wollresten gefüllt, die von der Isolierung der Trennwand übrig geblieben waren. Nachdem ich mich an die Härte der Matratze gewöhnt hatte, war sie recht bequem. Zu Beginn wendete ich sie jeden Morgen, doch bald wurde ich nach-

Die Matratze musste täglich gewendet werden. Eine harte Lektion für mich. →

Es war spannend, eine Expertenmeinung über die Authentizität meiner Einrichtung einzuholen.

lässig und so vergingen Wochen, bis ich eines schönen Tages dachte, »heute könnte ich eigentlich die Matratze wenden und das Laken wechseln«. Ich war dieser Hausfrauenpflicht seit Anfang Januar nicht mehr nachgekommen. Als ich die Matratze hochhob musste ich zu meinem Entsetzen feststellen, dass sie an der Unterseite Schimmel angesetzt hatte. Sie hatte direkt auf den Brettern der alten Bank gelegen und war ekelhaft feucht. Nun verstand ich, warum eine Tante von mir stets gepredigt hatte, man solle Dinge täglich lüften. Ich hatte als Hausherrin versagt und fühlte mich zutiefst schuldig.

Ich entfernte die Wollfüllung, wusch das Inlet und hängte es an die Wäscheleine. Das Laken hatte ebenfalls Schimmelflecken. Es stammte aus meinem Leinenwäschevorrat und war etwa vier Meter lang. Sofern man im 18. Jahrhundert in Schottland überhaupt Laken hatte, wurden die Betten mit einem einzigen langen gemacht. Es wurde auf die Matratze gelegt, am unteren Ende umgeschlagen und der restliche Stoff wurde als Zudecke genutzt. Ich beschloss, das Laken gleich zu waschen. Da schönes Wetter war, stellte ich den Waschtrog nach draußen. Das Wasser im Kessel war bereits heiß, weil ich ohnehin abwaschen wollte. Fast alle ekligen Flecken verschwanden durch ausgiebiges Schrubben. Ich schleppte unzählige Eimer Wasser über den Hof, um das riesige Laken auszuwaschen, wrang es mühsam aus und hängte es an die Leine. Dort flatterte es fröhlich im Wind, würde also bis zum Abend trocken sein.

Bevor es dämmerte, ging ich hinaus um das Laken hereinzuholen, da erlitt ich den nächsten Schock: Die Wäschestange war umgeweht worden. Das Laken hatte den ganzen Tag auf einem Maulwurfshügel gelegen und war total verdreckt. Was sollte ich jetzt tun? Ich fluchte kurz und begrub kurzerhand alle Skrupel. Ich packte das Laken in den Korb, rannte zum Wohnhaus und stopfte es in die Waschmaschine.

61

Mein Bettzeug.

Heidekraut ist als Matratzenfüllung gut geeignet, es wurde oft verwendet.

Schließlich war das meine erste ernsthafte Schummelei, abgesehen von dem Ausflug nach Edinburgh!

Wenigstens war das Inlet mehr oder minder trocken. Nachdem es einige Stunden im Cottage gehangen hatte, ging ich in den Stall und füllte es im Schein der Kerzenlaterne mit Stroh. Das war nun wirklich authentisch, zumindest nahezu. Mit Stroh gefülltes Bettzeug hatte es tatsächlich gegeben, meist für Durchreisende, die nicht im Haus übernachten durften, sondern im Kuhstall schlafen mussten. Die Landbevölkerung füllte ihre Matratzen zumeist mit Spreu. Das hatte ich irgendwo gelesen und gedacht, wie unbequem und staubig diese Betten gewesen sein müssen. Ich hatte nicht erwartet, auf jemanden zu treffen, der darauf geschlafen hat. Doch einige Monate später kam mein Nachbar mit seiner Mutter vorbei. Die alte Dame war lange Zeit vor dem Zweiten Weltkrieg auf einer Farm in Dumfriesshire aufgewachsen. Als Kind hatte sie in einem mit Spreu gefüllten Bett geschlafen. Ja, es war ungleichmäßig, staubig und außerdem ein Zufluchtsort für Mäuse. Trotzdem konnte man aus ihren Erinnerungen eine gewisse Nostalgie heraushören.

Das Stroh erwies sich als vollwertige Alternative für die Wolle. Die prall gefüllte Matratze fühlte sich in der ersten Nacht himmlisch an. Es war warm und weich und das Rascheln beim Umdrehen störte mich nicht. Nach einer Woche zeigten sich hie und da Aus- oder Einbuchtungen. Die Matratze musste regelmäßig aufgeschüttelt und das gesamte Bett jeden Tag gelüftet werden. Hierfür zog ich das Laken und die Wolldecken zurück und faltete die unhandliche Strohmatratze irgendwie in der Mitte zusammen, dabei wechselte ich täglich die Richtung. Diesen Vorgang musste

ich ein oder zwei Stunden später wiederholen. Wenn ich daran denke, wie
mühelos sich ein Federbett aufschütteln lässt!

Da Stroh relativ rasch flachgelegen ist, suchte ich bald nach einem anderen Füllmaterial. Heidekraut wäre infrage gekommen, es wurde früher auch oft dafür verwendet. Doch aufgrund der Maße meines Bettes konnte ich es unmöglich in traditioneller Weise einsetzen. Hoch gewachsenes Heidekraut wurde büschelweise abgeschnitten und in den Bettkasten geschichtet, dabei zeigten die Pflanzenspitzen nach oben. Man presste so viel Heidekraut wie möglich in den Bettkasten und legte dann einfach eine Decke darüber. Es war, als ob man sich auf Heideboden austrecken würde. Es soll sehr bequem sein und monatelang halten, ich wollte es also gerne ausprobieren. Leider konnte ich mich nur auf ein paar Büschel auf meinem Hügel legen, um zu wissen, wie sich das anfühlt.

Die Vormittage vergingen stets wie im Flug. Ich musste das Bett machen, die Asche hinaustragen, fegen, Holz sowie Wasser holen und abwaschen. Die zeitraubende Hausarbeit und meine stark gewöhnungsbedürftige Aufmachung habe ich in meinem Tagebuch immer wieder thematisiert.

Habe mich heute mit meiner Situation abgefunden, nachdem ich mich zwei Tage lang über das alberne Kostüm und den Zeitaufwand für die täglichen Pflichten aufgeregt habe. Verbrachte eine vergnügliche Stunde mit der Lektüre von Marjorie Plants Buch über häusliches Leben im Schottland des 18. Jahrhunderts. Trank echten Tee dabei, der sonst Besuchern vorbehalten ist.

Manchmal ertappten mich verfrühte Gäste:

War noch in Jeans und wusch bei offener Türe ab, als Susie kam. Ich hörte das Auto, flitzte los, um mich umzuziehen und begrüßte sie ohne Haube. Ich musste noch das Feuer schüren und den Boden wischen. Das machte Susie aber nichts aus, sie wollte mich zeichnen und fand alles reizvoll, was außergewöhnlich aussah. Sie sagte, welch seltsame Kontur mir meine Kleider verliehen.

Hin und wieder machte ich meine Sache besser:

> *Ein guter Tag: habe alles vorschriftsmäßig und rechtzeitig erledigt. Zum Glück, denn John und Bron waren vor zehn Uhr da. Ich war gewaschen, angezogen und bereitete Gemüse für meine Brühe vor. Ich kochte einen großen Topf aus den Überresten des Fasaneneintopfs vom Wochenende.*

Kochen nahm viel Zeit in Anspruch. Ich hatte häufig Gäste und wollte ihnen stets einen großen Topf Brühe anbieten können. Im Garten wuchsen noch reichlich Kohl und Lauch. Kartoffeln, Karotten und Zwiebeln hatte ich in der Vorratskammer. Mitunter erinnerte ich mich an meinen Topinambur – köstlich, aber mit schwerwiegenden Folgen für die Verdaung!

Hätte die Familie eines Schulmeisters im 18. Jahrhundert derart viele Besucher gehabt? Das beschäftigte mich, obgleich ich meine Freunde nicht davon abhalten konnte oder wollte, vorbeizukommen. Ich löste dieses Problem, indem ich mir vorstellte, meine Besucher stellten eine ansehnliche Familie dar. Und dass ich mehr als eine Person ernähren musste, machte das Experiment nur realistischer. Als ich nach Ablauf des Jahres mein Tagebuch durchlas, stellte ich fest, dass sich gemeinsam eingenommene und allein genossene Mahlzeiten in etwa die Waage hielten (siehe Seiten 210–213). Die Lektüre von John Galts *Annalen der Pfarrgemeinde* vermittelte mir einen Eindruck des Soziallebens der »besseren« Einwohner in einem Dorf in den Lowlands. Obwohl sein Bericht Erzählliteratur ist, basiert er auf Alltagsleben und spielt zwischen 1760 und 1812. Offenbar hat man sich damals gegenseitig häufig besucht. Die Frauen tranken zusammen Tee, die Männer diskutierten Politik und die Ideen der Aufklärung, die ihren Weg bis ins ländliche Ayrshire gefunden hatten, dem fiktionalen Schauplatz von Galts Werk.

← *Erhöhte Feuerstellen des späten 18. Jahrhunderts sahen in etwa so aus und hatten manchmal einen Rauchabzug.*

SPEISEKAMMER IM MÄRZ

Aus dem Vorrat: Kartoffeln,
Karotten, Zwiebeln, Trockenerbsen und -bohnen, Äpfel

Aus dem Garten: Pastinaken,
Lauch, Kohl, Spinat, Kohlrüben
(siehe Fotos)

EINFACHE BRÜHE

Diese Brühe können Sie als
Basis für andere Suppen verwenden oder pur als leichte
Frühlingssuppe servieren.
   Alle Zutaten in einem Topf
mit kochendem Wasser etwa
1 Stunde garen. Dann abseihen
(das verkochte Gemüse können
Sie an Hühner verfüttern oder
auf den Kompost geben).
Reichen Sie Fladen und Käse
dazu, das ergibt ein bekömm-
liches Mittagessen.

Für 1 Liter Brühe:

2 Handvoll Spinat
2 bis 3 Stängel Stangensellerie,
   mit Blättern
3 bis 4 Frühlingszwiebeln
2 Stück Kopfsalat (nur die
   äußeren Blätter)
mehrere Zweige Petersilie
reichlich gemischte Kräuter
Salz und Pfeffer

ARBEITEN IM MÄRZ

- Reihen für Erbsen anlegen und säen.
- Zwiebelbeete anlegen.
- Kohlrabisetzlinge in Reihen im
  Frühbeet anpflanzen.
- Kohl im Freien säen.
- Saatgut-Kartoffeln und -zwiebeln
  kaufen.
- Rettich, Salat und Rucola unter
  einer Abdeckung säen.
- Lauch unter einer Abdeckung säen.
- Pastinaken säen.

Frisch angelegte Beete
zum Pflanzen oder Säen.

NATURBEOBACHTUNGEN

1. März. Die Ulmen am Traquair House blühen. Ihre roten, stacheligen Blüten mochte ich schon immer.

20. März. Überall Vogelgezwitscher. Hörte den ersten echten Brachvogel singen, die Stare imitieren ihn schon seit Wochen.

22. März. Seit einigen Tagen quaken die Frösche am Teich. Habe bereits den ersten Froschlaich gesehen.

KAPITEL 6
Freunde kommen

OSTERN KAM 2005 FRÜH und die Ferien brachten noch mehr Gäste. Der erste Schwung kam aus dem Süden und übernachtete im Wohnhaus. Das Frühstück nahmen wir zusammen im Cottage ein. Ich bat sie, ihre Autos vor dem Haupthaus zu parken, damit mein Hof nicht von Fahrzeugen verstellt war und ich diese modernen Geräte nicht im Blickfeld haben musste.

Meinen morgendlichen Gang zum Plumpsklo unternahm ich inzwischen etwas selbstbewusster. Ich hatte das ehemalige Pfarrer-Klohäuschen wieder instand gesetzt, der kleine Verschlag befindet sich am Ende des Stallkomplexes. Er steht gegenüber der Kirche und der Gedanke, dass die Pfarrer einst mit heruntergelassenen Hosen über ihre Predigt nachgrübelten, amüsierte mich. In den Eimer unter dem Holzsitz gab ich Sägemehl anstelle von Asche, die ansonsten hierfür eingesetzt wurde. Außerdem hielt ich weiteres Sägemehl, eine Schaufel und eine kleine Porzellanschüssel bereit. Ich brachte stets ein Gefäß mit warmem Wasser, einen sauberen Lumpen und ein Handtuch mit. Ich will hier nicht ins Detail gehen, doch es klappte ganz gut, auch wenn es gewöhnungsbedürftig war. Meine Ausrüstung war jedenfalls besser als Moos, obwohl man im Sommer auch Blätter nehmen konnte, in der heißen Jahreszeit stellten die Fliegen jedoch das größere Problem dar.

Den Eimer leerte ich einmal pro Woche, eine Pflicht, der ich nicht sonderlich gerne nachkam. Der Inhalt des Eimers kam in einem speziellen Kompostbehälter mit Deckel, den ich weit ab vom Schuss aufgestellt hatte. Es funktionierte. Wenn sich nicht zu viel Feuchtigkeit im Eimer befindet, beginnt der Zersetzungsprozess rasch. Deshalb sollte man auch hinter Büschen urinieren und nicht ins Plumpsklo. Den »Nachttopf« (ich hatte ja nur einen Eimer) leerte ich auf dem Komposthaufen aus. So hatte ein Freund von mir, der in den Wäldern bei Ullapool lebt, es jahrelang erfolgreich eingeübt. Dieses Prozedere war wesentlich komplizierter als die Art und Weise, wie die damalige schottische Landbevölkerung mit Körperfunktionen umzugehen pflegte. Im Winter ging man in den Kuhstall, der sich meist direkt an das Haus anschloss; im Sommer nutzte man entweder einen Eimer oder erledigte seine Bedürfnisse im Freien. Vermutlich an bevorzugten Orten. Unweit von verfallenen Cottages gibt es oft dicht mit Brennesseln bewachsene Stellen, das könnte ein Hinweis auf derartige bevorzugte Orte sein.

Meine Gäste mussten das Plumpsklo natürlich nicht benutzen, in der Regel begnügten sie sich damit, einen flüchtigen Blick darauf zu werfen. Meine Nachforschungen ergaben jedoch, dass nahe einer Behausung stets ein »Pissbottich« stand, als in den Cottages noch gesponnen und gewoben wurde. In jenen Tagen galt es als unhöflich, wenn ein Gast nichts im Bottich hinterließ, bevor er ging. Diese Ansicht mag uns heute befremden, doch Urin galt damals als wichtige Alkaliquelle, mit der man Wolle reinigen konnte. Manchmal wurde Urin auch zum Beizen beim Färben verwendet.

Nach Ostern besuchten mich zwei Familien mit Kindern. Der Lärm von Schwertkampfspielen erfüllte Haus und Garten, Spaziergänge wurden durch Baumklettern unterbrochen. Einmal drängten sich alle neun Kinder in das Cottage, um bei mir zu essen, doch die meiste Zeit wurden sie von ihren Eltern versorgt. Darüber war ich ganz froh, denn im Garten gab es fast kein Gemüse mehr und es wurde zunehmend schwieriger, sich gut zu ernähren. Ich hatte zwar noch einige Wintervorräte – Äpfel, Karotten, Kartoffeln und Zwiebeln –, doch nun lernte ich den Wert von Kohl als Vitaminlieferant erst richtig zu schätzen. Kohl überdauert den Winter und die neuen Blätter, die im April austreiben, schmecken besonders süß.

Ich versüße die Brühe mit Kohl. In einem Rezept wird er erst kurz vor dem Servieren zugefügt, das erscheint mir vernünftiger, als ihn stundenlang zu garen. Vielleicht hatte der Koch von James Lind gehört und dessen Entdeckung von Vitaminen gegen Skorbut. Laut First Statistical Account wussten viele Pfarrer, dass man Gemüse essen soll, doch selbst in den 1790ern (60 Jahre nach Linds Erkenntnissen) führten sie Skorbut auf zu viel Hafermehl und nicht auf Vitaminmangel zurück.

Hagebutten sind eine exzellente Vitamin-C-Quelle. Man kann sie im Sommer trocknen.

Skorbut war im Frühjahr, als man noch kein frisches Gemüse ernten konnte, damals weit verbreitet. Fast hätte es mich selbst erwischt. Ich gierte geradezu nach schwarzen Johannisbeeren und es dauerte nicht lange, bis ich wusste, warum. Ein frischer Apfel und ein paar neue Kartoffeln liefern an sich ausreichend Vitamin C. Doch nach monatelanger Lagerung, gegen Ende April, ist ihr Vitamingehalt wohl stark gesunken. Mein Körper sagte mir, dass ich mehr Vitamine brauchte. Etwas Ähnliches passierte meiner Schwägerin, die einmal drei Bund Petersilie kaufte und sie bereits auf dem Nachhauseweg komplett aufaß. Wochen später stellte sich heraus, dass sie schwer an Anämie litt und dass Petersilie eine guter Eisenlieferant ist!

Ich beschloss, auf meinen Körper zu hören. Zum Glück fiel mir ein, dass ich im Herbst zuvor Hagebutten, Holunderbeeren und Heidelbeeren gesammelt, getrocknet und in einem Korb verstaut hatte. Sie waren eher für den Genuss gedacht, nicht unbedingt für medizinische Zwecke. Letztlich waren sie beides in einem. Der Tee, den ich mit diesen getrockneten Früchten zubereitete, schmeckte herrlich fruchtig. Im Handel erhältlicher Hagebuttentee besteht größtenteils aus Hibiskus (fast alle Teebeutel mit Früchtetee enthalten minderwertigen Hibiskus) und hinterlässt einen scharfen, unangenehmen Nachgeschmack. Meine Söhne hätten mich wahrscheinlich als alte Kräuterhexe bezeichnet, die ein seltsames Gebräu kocht, doch dieser Tee erfüllte seinen Zweck: Meine Gier nach schwarzen Johannisbeeren verschwand und ich konnte abwarten, bis es endlich Erdbeeren gab, ohne mich dabei schlecht zu fühlen.

Ich entwickelte auch andere Strategien, um diese magere Zeit zu überbrücken. Ich habe Brennnesseln stets als Verbündete betrachtet, ganz wie einst das Volk in den Highlands. Sobald sich auf meinem Gelände die ersten jungen Triebe zeigten, machte ich eine Suppe. Gehackte Zwiebeln und Brennnessel werden in Butter angeschwitzt. Dann gibt man Wasser und Kartoffelwürfel oder Hafermehl zum Binden dazu. Die Suppe etwa 20 Minuten köcheln lassen. Mit Salz, Pfeffer und Muskatnuss würzen. Köstlich! (siehe Rezept gegenüber)

Brennnesselsuppe

In der Zeit zwischen April und Juni verwendeten die Bewohner der Highlands Brennnessel als Vitaminquelle.

Vergessen Sie nicht, Handschuhe anzuziehen, wenn Sie Brennnesseln ernten. Junge kann man im Ganzen pflücken, bei älteren Pflanzen nimmt man nur die Spitzen. Gründlich waschen.

Die Kartoffeln kann man auch durch Hafermehl ersetzen (pro 500 ml etwa 1 Esslöffel). Für 4 bis 6 Personen.

2-3 mittelgroße Zwiebeln, grob gehackt
kleines Stück Butter
kleiner Korb junge Brennnessel, grob gehackt
2-3 mittelgroße Kartoffeln, gewürfelt
1-1,5 l Wasser
Salz und Pfeffer

Zwiebeln in der Butter glasig dünsten. Brennnesseln zufügen und anschwitzen. Kartoffeln und Wasser zugeben, das Ganze aufkochen lassen. Dann köcheln lassen, bis die Kartoffeln gar sind. Die Mischung mit einer Gabel zerdrücken (wäre historisch authentisch) oder mit dem Pürierstab pürieren. Mit Salz und Pfeffer abschmecken.

Sauerampfersuppe

Nehmen Sie anstelle der Brennnessel 3 große Handvoll Sauerampferblätter. Der säuerliche Geschmack ist eine willkommene Abwechslung, wenn man sich lange von fadem Gemüse aus dem Wintervorrat ernähren musste. Im 18. Jahrhundert servierte man in Butter gedünsteten Sauerampfer zu Flunder (leider gibt es im Fluss Tweed, der durch Innerleithen fließt, keine Flundern!).

SPEISEKAMMER IM APRIL

- Aus dem Vorrat: Kartoffeln, Karotten, Zwiebeln, Trockenerbsen, letzte Äpfel, Kräutertee
- Aus dem Garten: Pastinaken, Lauch, Steckrüben, Kohl (rechts), Spinat
- Gesammelt: Brennnessel, wilder Knoblauch (Bärlauch), Wildspinat, Geißfuß, Lauchhederich

Ein weiteres Geschenk der Natur ist Bärlauch. Er gedeiht in schattigen Wäldern, wo er ausreichend Feuchtigkeit bekommt. Nicht weit von hier ist ein bewaldetes Flussufer über und über davon bedeckt. Dieser Teil des Flussufers ist der verwilderte Garten eines Hauses, das nach dem Zweiten Weltkrieg abgerissen wurde. Ende April gibt es dort so viel Bärlauch, dass man körbeweise Blätter pflücken kann, ohne die Pflanzenbüschel in irgendeiner Form zu schädigen. Man kann Bärlauch in Butter dünsten oder als Salat genießen. Er schmeckt sehr angenehm und war für mich eine willkommene Abwechslung vom Spinat, den ich einmal in der Woche erntete. In Schottland wurde Bärlauch offenbar wenig gegessen, dafür wird er sehr häufig als Heilmittel erwähnt. Er wurde gegen Nierensteine und zur Blutreinigung verwendet.

Ein Gast brachte mich auf die Idee, wilden Knoblauch einmal anders zu verarbeiten. Er hatte mir Olivenöl geschenkt, das taucht in Kochbüchern aus dem 18. Jahrhundert zwar auf, war aber sicherlich nur reichen Leuten vorbehalten. Ich empfand es als wahren Luxus. Ich vermischte zerriebene Bärlauchblätter mit Olivenöl und Zitronensaft. Es dauerte einige Zeit, bis ich das richtige Würzverhältnis gefunden hatte, doch das Ergebnis ähnelte Pesto.

BÄRLAUCHPASTE

Nicht alle Zutaten in diesem Rezept stammen aus Schottland, doch
diese Paste schmeckt so gut, dass ich ausnahmsweise Olivenöl
nahm. Im 18. Jahrhundert war Olivenöl purer Luxus, den sich
einfache Leute sicher nicht leisten konnten, genauso wie Garam
Masala. Fladen passen wunderbar zu dieser Paste. Das Rezept ist
für 4 bis 6 Personen berechnet.

2 große Handvoll Bärlauchblätter
60 g Haselnüsse
2 EL Olivenöl
1 EL Zitronensaft
1 Prise Zucker, Salz und Pfeffer
etwas Garam Masala (indische
   Gewürzmischung)

Bärlauch und Haselnüsse fein hacken.
Beides im Mörser zu einer groben Paste
verarbeiten. Olivenöl und Zitronensaft
untermischen. Mit Zucker, Salz, Pfeffer
und Garam Masala abschmecken. Einfacher
ist es natürlich, die Paste im Mixer herzustellen.

Ich wollte keine erst kürzlich im englischen Sprachraum eingeführte Bezeichnung dafür verwenden und nannte meine Kreation »Bärlauchpaste«. Doch was sollte es dazu geben? Mein Freund hatte eine hervorragende Idee: Er erinnerte sich an die Haferfladen, die er in seiner Kindheit in Derbyshire gegessen hatte und rief seine Mutter an, die uns das Rezept verriet (siehe nächste Seite). Diese Fladen werden mit feinem Hafermehl und etwas Vollkornmehl gemacht. Man fügt Milch sowie Hefe hinzu und lässt den Teig gehen, bis er Blasen wirft. Sobald meine alte Bratpfanne ausreichend heiß war, buk ich darin herrlich luftige Pfannkuchen. Zum Warmhalten wurden sie in ein Tuch eingeschlagen und in die Nähe des Kamins gelegt. Als ich einen ganzen Stapel fertig hatte, bestrich in einen Fladen mit der Bärlauchpaste und rollte ihn auf. Es war eine großartige Mahlzeit, die wenig kostete und mit geringem Aufwand herzustellen war. Wir überlegten uns, wie viel man für diese Köstlichkeit wohl in einem Londoner Restaurant verlangen würde.

DERBYSHIRE-HAFERFLADEN

Dieses Rezept stammt von der Mutter eines Freundes. Sie können auch mehr Hafer- als Vollkornmehl nehmen, ich mache das oft. Der Teig ergibt etwa 16 Fladen.

250 ml Milch
250 ml warmes Wasser
1 TL Zucker
2 gehäufte TL Trockenhefe
250 g feines Hafermehl (oder Haferflocken im Mixer zu Mehl verarbeiten)
250 g Vollkornmehl
2 TL Salz
Butter zum Ausbacken

Milch und Wasser in einer Schüssel verrühren, die Mischung sollte handwarm sein. Zucker und Hefe einrühren. Zugedeckt an einem warmen Ort etwa 20 Minuten gehen lassen. Hafer- sowie Vollkornmehl untermischen, zuletzt das Salz. Erneut an einem warmen Ort 20 Minuten gehen lassen, bis der Teig Blasen wirft.

Eine Pfanne mit Butter ausstreichen und erhitzen. Nicht zu stark, die Butter sollte nicht bräunen. Einen Schöpflöffel Teig in die Pfanne geben und fest werden lassen, bis sich der Rand des Fladens leicht löst. Nicht an der Pfanne rütteln, bevor der Teig gestockt ist. Umdrehen und die andere Seite backen. Ich arbeite meist mit 2 Pfannen, damit es schneller geht. Fertige Fladen in ein Tuch einschlagen und an einen warmen Ort legen oder im Backofen warm halten. Restlichen Teig ebenso verarbeiten.

RHABARBER MIT SÜSSDOLDEN

Junge, rote Rhabarberstangen putzen, waschen und kleinschneiden. Zusammen mit wenig Zucker und einer Handvoll Süßdolden kochen. Die Dolden vermindern die Säure des Rhabarbers. Dieses »frühe Obst« schmeckt auch mit Ingwer und Orangen sehr gut.

War etwas trübselig, tagelang war der Himmel mit grauen Wolken verhangen. Heute kam endlich die Sonne heraus, war sofort besserer Laune, doch dann passierte mir ein Missgeschick: Beim Entfernen der Wolfsmilchwurzeln aus dem Beet beim Vogelhaus schaffte ich es irgendwie, die Grabegabel in meinen Handrücken zu rammen. Die Wunde ist nicht sehr groß, aber ich bin besorgt, weil meine Hand geschwollen ist und schmerzt. Habe R. und B. versprochen, meine Gesundheit wegen meines Experiments nicht aufs Spiel zu setzen. Werde also morgen zum Arzt gehen und mir eine Spritze gegen Tetanus geben lassen.

Ich ging tatsächlich zum Arzt, der mir Antibiotika verschrieb. Doch in der zweiten Nacht wurde die Schwellung schlimmer. Als der Morgen anbrach, fühlte sich meine Hand steif an und schmerzte. Ich dachte, Umschläge wären vielleicht gut und blätterte in meinen alten Büchern für Kräutermedizin. Sämtliche Werke empfohlen Beinwell, dessen erste Blätter sich draußen gerade zeigten. Ich pflückte zwei Handvoll und hackte sie. Ich gab den Beinwell in eine Schüssel, fügte einen Zweig Rosmarin hinzu, weil Rosmarin antiseptisch wirkt, und goss kochendes Wasser über die Kräuter. Nach einer Minute seihte ich das Ganze durch Musselin ab und band den sehr heißen Stoff um meine Hand. Ich umwickelte den Umschlag mit einer weiteren Lage Musselin und ließ das Ganze mehrere Stunden an meiner Hand. Als ich den Umschlag abnahm, war die Schwellung deutlich zurückgegangen. Die Einstichwunden, die zuvor zugeschwollen waren, öffneten sich und nässten. Ich wiederholte die Prozedur mit einem größeren Umschlag. Als mich der Arzt erneut untersuchte, war er sehr zufrieden: »Machen Sie das noch einmal«, sagte er, »genau das braucht Ihre Wunde.« Ich wünschte, diese Heilmethode wäre mir früher eingefallen, dann hätte ich vielleicht keine Antibiotika nehmen müssen.

Es dauerte etwa eine Woche, bis meine Hand vollständig abgeheilt war. Am Ostersonntag ging ich gute 14 Kilometer über die Hügel, um bei Freunden zu essen, die in einem ausgebauten Wehrturm wohnen. Es war ein grauer Tag, doch es regnete nicht, zumindest nicht, bis das alte Gemäuer in Sicht war, da öffnete der Himmel seine Schleusen. Mein Gastgeber sprang in sein Auto und las mich auf.

Als die Tage wärmer und heller wurden, öffneten sich die Knospen.

Meine wollenen Unterröcke und mein Umhang waren völlig durchnässt. Ich hatte nach dem Essen zu Fuß nach Hause gehen wollen, wurde jedoch überstimmt. Einst hätte ich über Nacht bleiben müssen, damit meine Kleider trocknen konnten. Ich sprang ohnehin ständig zwischen Vergangenheit und Gegenwart hin und her, also gab ich nach und ließ mich dankbar mitnehmen.

An meinem Geburtstag Mitte April war endlich schönes Wetter. Sofort wollte ich meine dicken Winterklamotten abwerfen und Baumwollkleidung anziehen. Ich war jedoch noch nicht dazu gekommen, sie einzusäumen und musste daher mein altes Laura-Ashley-Trägerkleid überwerfen. Es stammt zirka aus dem Jahr 1970, ist olivgrün und glockenförmig. Der Rock ist ziemlich zerknittert, weil das Kleid viele Male für nachgestellte historische Szenen in Museen verwendet wurde. Darüber trug ich meine lange, gestreifte Schürze und gegen den Wind meinen Spenzer (diese kurzen Jacken waren ab 1795 schwer in Mode). Mein Outfit gefiel mir, es passte zum Frühling. Mein Haar passte hingegen nicht zum Frühling. Dreieinhalb Monate war es her, dass ich ein Shampoo benutzt hatte, und mein Versuch mit der Olivenseife lag sechs Wochen zurück. Ich hatte den Versuch nicht wiederholt, weil mir danach tagelang die Kopfhaut juckte. Ich hatte meine Haare nur ein paarmal in warmes Wasser getaucht. Die Locken, die unter meiner Haube hevorlugten, sahen traurig aus. Wenige historische Quellen erwähnen Haarewaschen, doch die Tagebücher von Dorothy Wordsworth bezeugen, dass die Frauen es taten. Etwa alle zwei Monate findet sich

NATURBEOBACHTUNGEN

1. April. Sonnig! Habe zum ersten Mal Bärlauch gepflückt.

5. April. Am Ufer des Quair zeigt sich der erste Pestwurz. Die rosa Blüten sehen bizarr aus. Das Kraut wächst viel später und wird so groß wie Rhabarberblätter.

28. April. Meine Schwalbe ist zurück und zwitschert fröhlich auf der Dachrinne. Ist es wirklich die gleiche vom letzten Jahr?

29. April. Kalt und klar. Erhaschte den Duft von neu austreibenden Birken.

der Eintrag: »Wusch meinen Kopf«. Ich wollte ihrem Beispiel folgen und hoffte, dass mein Haar irgendwann natürlich glänzen würde, es blieb jedoch hartnäckig stumpf. Dann fand ich in Elizabeth Grants *Memoiren einer Highland Lady* einen spannenden Hinweis. Die Mädchen in den Highlands »wuschen ihre schönen Haare im Frühling mit einem Sud aus Birkenknospen«. Sie fährt fort: »Ich weiß nicht, ob das ihrem Haar guttat oder schadete, doch in der Kirche, in der üblicherweise der Gestank nach Schnupftabak und Torf vorherrschte, roch es wesentlich angenehmer.«

Das wollte ich unbedingt ausprobieren. Ich zog mit dem Hund los, bewaffnet mit einem Lederranzen. Jenseits des Tals standen Birken. An ihren Zweigen zeigte sich das erste Grün. Birkenknospen sammeln ist eine mühsame Angelegenheit. Sie sind winzig und es dauert ewig, bis man eine Handvoll zusammenhat. Außerdem macht es nicht so viel Spaß wie Beerenpflücken, da kann man bei der Arbeit naschen. Ich lernte rasch, wie man die Knospen entlang des Zweigs abstreift. Das Einzige, was mir fehlte, war Gesellschaft. Ich bin mir sicher, dass die Mädchen damals in Gruppen unterwegs waren und zusammen kicherten, wenn sie über die Dorfburschen sprachen. Ich hatte auch keine Ahnung, wie sie den Sud genau einsetzten, das würde sich zeigen.

Ich verfiel in einen stetigen Arbeitsrhythmus. Meine Gedanken schweiften zum Menü für meine Geburtstagsfeier ab. Mein Hund verschwand heimlich im Wald, um Kaninchen zu jagen. Ein Kaninchengericht wäre schön, doch mein Hund fing nichts, und im Dorf konnte man keine kaufen. Wenn ich Kaninchen kochen wollte, müsste ich ins zwölf Kilometer entfernte Peebles laufen.

Zu Hause angekommen, betrachtete ich meine Ausbeute. Ich musste nachlesen, wie man einen Sud herstellt. Dann schob ich den Topf über das Feuer und sah zu, wie sich die Knospen im kochenden Wasser gelb verfärbten. Der ganze Raum füllte sich mit dem frischen, pfeffrigen Duft, der an warmen, feuchten Abenden von den Wäldern herüberweht, wenn die Birken austreiben. Es ist ein wunderbarer Geruch, der den Sommer verheißt. Die Flüssigkeit wurde nun grün und sah wie Teichschlamm aus. Ich hatte nicht die Absicht, mich in einen grünhaarigen Grufti zu verwandeln, deshalb zögerte ich, mir den Sud über den Kopf zu gießen. Das Resultat war aber wirklich erfreulich: Meine Haare dufteten gut und meine Locken sahen zwar nicht aus wie bei den Frauen in der Werbung, doch sie hatten mehr Volumen und glänzten.

Jetzt fühlte ich mich für mein bevorstehendes Geburtstagsfest gerüstet, es sollte am nächsten Wochenende stattfinden. Ich wanderte nach Peebles, um Kaninchen zu kaufen. An einem schönen Tag stieg ich den Hügel hinauf bis zur Hochstraße, die an einem Berggrat über dem Tweed entlang verläuft. Überall sprießte es. Die Lärchen waren noch zurückhaltend, doch im Tal unter mir präsentierte sich eine ganze Farbpalette, vom dunklen Braun der Felder bis zum Gelb, Bronze und Purpur der Baumknospen, die kurz vor dem Aufgehen waren. Es mag übertrieben erscheinen, 24 Kilometer zurückzulegen, um Kaninchen zu erstehen, doch der Spaziergang an diesem Tag war ein Vergnügen.

Die Haare gewaschen zu bekommen ist nicht immer ein schönes Erlebnis!

Junge Birkenblätter und Frühlingslämmer.

SPINAT (ODER MANGOLD) MIT EIERN

Dieses einfache Gericht habe ich oft gekocht, vor allem im Frühling. Da legten die Hennen gut und ich konnte Wintermangold oder frischen Spinat ernten. Es ist nicht sonderlich schwierig, Spinat zu kultivieren und wenn Sie es richtig angehen, können Sie das ganze Jahr über frisches Grün ernten.
Dazu passen die Bratkartoffeln von Seite 53 sehr gut.

- 1 kleine Zwiebel, gehackt
- Butter
- pro Person 2 große Handvoll Spinat oder Mangold
- Muskatnuss
- Salz und Pfeffer
- Sahne (optional)
- pro Person 2 Eier

Zwiebel in etwas Butter an-schwitzen. Spinat oder Mangold zufügen und zusammenfallen lassen. Mit Muskatnuss, Pfeffer sowie Salz würzen. Nach Belieben etwas Sahne unterrühren. Zwei Eier in die Pfanne schlagen. Diese mit einem Deckel ver-schließen und das Ganze 2 bis 3 Minuten bei milder Hitze garen, bis die Eier pochiert sind (sie sollten nicht zu hart werden). Vor dem Servieren mit etwas Salz und Pfeffer bestreuen.

Zu meiner Geburtstagsfeier kamen John Behm, mein getreuer Zimmermann, mit seiner Frau Rachael Long und seinem Sohn Mungo sowie Ben und sein Freund Richard. Mein Menü kochte ich nach Rezepten aus dem 18. Jahrhundert: Geschmortes Kaninchen und Eiercreme mit Dörrpflaumen. Es war originalgetreu und gelang mir gut. Es gab allerdings etwas, was die Authentizität empfindlich störte. Die Jungs hatten keine Mühen gescheut, um mir ein möglichst unpassendes Geschenk zu machen: ein »Happy Meal« von McDonald's! Ich packte das Spielzeug aus, konnte es aber nicht über mich bringen, den Burger zu essen oder ihn an die Hühner zu verfüttern und mir damit vielleicht die Qualität der Eier zu verderben. Schließlich bekam ihn der Hund, der ist nicht so anspruchsvoll.

KANINCHENFILET MIT SHERRY

Ursprünglich wird dieses alte Rezept mit Kalbsschnitzeln und schottischem Whisky gemacht. Man kann aber auch Kaninchenfilet und Sherry nehmen. Das Rezept ist für 4 Personen berechnet.

2 junge Kaninchen
etwas Mehl
Salz und Pfeffer
1 verschlagenes Ei
50 g Semmelbrösel
kleines Stück Butter
4 Scheiben geräucherter Speck
etwas Sherry

Die Filets der Kaninchen auslösen (oder diese Arbeit vom Fleischer erledigen lassen). Aus restlichem Fleisch und Knochen einen Fond zubereiten, dann erst die Filets garen.
Dafür die Filets zwischen Pergamentpapier flachklopfen. Mehl mit Salz und Pfeffer vermengen. Die Filets in dieser Mischung wenden, durch das verquirlte Ei ziehen und dann in Semmelbröseln wälzen. Bei mittlerer Hitze 5 Minuten in Butter anbraten. Wenden, den Speck in die Pfanne geben und die andere Seite der Filets ebenfalls 5 Minuten braten. Herausnehmen und warm halten. Etwas Mehl und einen Schuss Sherry in die Pfanne geben. Aufkochen lassen und so viel Fond zufügen, bis ausreichend Sauce vorhanden ist. Mit Salz und Pfeffer abschmecken und zu den Filets reichen.

GESCHMORTES KANINCHEN

2 junge Kaninchen
etwas Mehl
Butter zum Braten
500 ml Kaninchen- oder Wildfond
200 ml Weißwein
Salz und Pfeffer
1 Bund duftende Kräuter
Muskatblüte
pro Person 2 kleine Zwiebeln oder Schalotten
250 g Brokkoli

»Kaninchen vierteln und mit Mehl bestäuben. In
einem Schmortopf rundherum in Butter anbraten.
Mit Fond und Weißwein ablöschen. Mit Salz und
Pfeffer würzen. Kräuter und Muskatblüte in einem Kräutersäckchen
zufügen. Topf schließen und das Fleisch weich schmoren«, so
heißt es in einem Kochbuch von 1736.

Wenn die Kaninchen weich sind, pro Person ein paar kleine Zwiebeln
oder Schalotten schälen und in Butter dünsten. Wenn Zwiebeln oder
Schalotten fast weich sind, mehrere Handvoll Spargelkohl (Brokkoli)
zugeben und kurz dünsten. Das Gemüse zum Kaninchenfleisch geben,
alles vermischen und servieren. 2 Kaninchen reichen für 4 Personen.

EIERCREME MIT DÖRRPFLAUMEN

»Neun Eier gut verquirlen, ein Liter Sahne
oder frische Milch, sechs Löffel Mehl,
etwas Salz und Muskatnuss unterrühren.
Ein Pfund Dörrpflaumen und ein Viertel-
pfund Zucker untermischen.
In ein Tuch geben und zwei Stunden
kochen.« (Kochbuch von 1736) Ich vermischte alle trockenen Zutaten, gab zuerst Sahne/Milch und dann die Eier dazu,
verrührte das Ganze gut und fügte die
Dörrpflaumen zu. Ich garte die Creme
im Wasserbad, sie schmeckt sehr gut!
Für 6 Personen.

ARBEITEN IM APRIL

- Zwiebeln setzen.
- Etwas später Kartoffeln,
  im Mai kann es noch einmal
  starken Frost geben!
- Den Boden für Sommergemüse
  vorbereiten. Spinat säen.
- Je ein Beet für Erbsen und Bohnen
  anlegen. Beides aussäen.
- Pflanzreihen für Salat anlegen.
  Die Setzlinge werden abgedeckt.

- Galläpfel sammeln: Man sieht
  sie an den Eichen leichter,
  wenn die Bäume noch keine
  Blätter haben. Aus ihnen
  später Tinte machen
  (Seite 110).

KAPITEL 7
Magere Zeiten

ER FRÜHLING WAR im Mai zwar weiter vorangeschritten, doch mein Ernährungsproblem war noch drastischer als im April, da es im Gemüsegarten zunehmend weniger zu ernten gab. Der Spinat war ausgewachsen und musste weg. Mit dem Kohl erging es mir nicht besser; ich entfernte so viele gelbe Blüten wie möglich, damit die brokkoliartigen Triebe nachwachsen konnten. Letzten Endes musste ich die Pflanzen ausreißen, weil ich den Platz für meine Karotten brauchte.

Zu allem Übel hatten die Mäuse meine Vorratskammer entdeckt! Die kleinen Biester hatten meine letzten Äpfel angefressen. Ich war niedergeschlagen. Nun konnte ich fünf Monate lang keine Äpfel essen, denn vor September würden keine neuen reif sein. Ich hatte mir allerdings im Vorjahr einen Notvorrat angelegt, und der kam jetzt zum Einsatz: 2004 war ein sehr gutes Obstjahr gewesen, mit einer üppigen Apfel- und Pflaumenernte. Ich hatte Apfelringe getrocknet und Pflaumen gedörrt. Die gelben kleinen Pflaumen waren braun geworden, sie ähnelten also nicht den großen schwarzen, die man kaufen kann. Sie schmeckten trotzdem wunderbar. Meine tägliche Ration bestand aus einer Pflaume und ein paar Apfelringen. Ich hoffte darauf, dass mir Freunde Orangen mitbringen würden. Milde Gaben dieser Art hatte ich immer hocherfreut angenommen. Orangen und Zitronen hatte es in Schottland in jener Zeit gegeben. Sie kamen mit Schiffen aus dem Mittermeerraum oder aus Afrika, bereits im 16. Jahrhundert soll in der Hafenstadt Thurso mit Zitrusfrüchten gehandelt worden sein. Natürlich waren sie keine alltägliche Speise, doch gelegentlich kaufte ich mir eine Zitrone, wie meine Lebensmittelliste in meinem Tagebuch verrät.

Mausefallen und hungrige Katzen – zeitlose Methoden, um gefräßigen Mäusen beizukommen.

Als mein Apfelvorrat zur Neige ging, war ich über meine getrockneten Äpfel und Pflaumen sehr froh. →

APFELRINGE UND DÖRRPFLAUMEN

Mit dieser Methode kann man Äpfel ohne Zucker oder ein Gefriergerät haltbar machen. Nehmen Sie unversehrte Äpfel. Waschen, schälen, entkernen und in Ringe schneiden. Ich besitze für diesen Arbeitsvorgang eine kleine Maschine. Es handelt sich um eine moderne Version einer vikorianischen Erfindung, die den Apfel gleichzeitig schält, entkernt und in Ringe schneidet. Dafür müssen die Früchte allerdings gleichmäßig rund sein. Ansonsten nimmt man einen Sparschäler, ein scharfes Messer und einen Kernausstecher. In meinem Cottage gab es nur Messer aus Karbonstahl mit relativ großen Klingen und ein Gerät zum Entfernen von Knochenmark. Zum Glück hatte ich diese Arbeit bereits im Vorjahr erledigt. Man muss zugeben, dass es heutzutage manchmal bessere Küchengeräte gibt.

Die Apfelringe kurz in eine leichte Salzlösung tauchen. Dadurch laufen sie nicht braun an und setzen keinen Schimmel an. Auf Blechen ausbreiten und bei 50 °C im Ofen trocknen lassen. Oder auf einer Schnur aufreihen und 1 bis 2 Tage über die Heizung hängen. In luftdicht verschließbaren Behältern lagern. Bei langen Spaziergängen sind sie ein wunderbarer Snack. Pflaumen werden ähnlich getrocknet. Man muss sie 24 Stunden lang bei sehr niedriger Backofentemperatur trocknen lassen. Belegen Sie das Backblech mit einem alten Stück Stoff, damit die Pflaumen nicht ansetzen. Hin und wieder wenden. Die Haut der Früchte sollte verschrumpelt sein. Dörrpflaumen kann man zum Kochen verwenden oder einfach so essen, wenn es kein frisches Obst gibt.

Um meinen Bedarf an Gemüse zu decken, musste ich zunehmend mehr Wildpflanzen sammeln gehen. Kitty Corrigan, eine Redakteurin der Zeitschrift *Country Living*, wollte mich interviewen, auch ihr wollte ich etwas Schmackhaftes vorsetzen. Ich ging also in die freie Natur und probierte alle möglichen Pflanzen aus, die man als Salat essen kann. Am besten waren die jungen Triebe vom Knoblauchhederich, Weißdornknospen und die zartesten Blätter vom Geißfuß. Junge Geißfußblätter haben ein köstliches, leichtes Anisaroma, das meiner Ansicht nach aber zu dominant wird, wenn die Blätter zu alt oder zu groß sind. Dann sollte man sie besser dünsten. Wenn ich den Wildsalat mit etwas Rucola vermengte, den ich aus dem Frühbeet nahm, hatte ich eine ganz anständige Mahlzeit.

Um Kitty zu beeindrucken, zog ich kurz vor ihrer Ankunft an einem Abend los, um Bärlauch zu pflücken. Ich kam mit einem Korb voller Blätter und Blüten aus dem Wald zurück, als ich den Landwirt Ewan aus seinem Haus kommen hörte. Er bestieg sein Quad, um nach seinen Schafen zu sehen. Die meisten Leute in meiner Nachbarschaft hatten mich in meiner archaischen Aufmachung schon gesehen, Ewan jedoch nicht. Plötzlich war ich verlegen. Ich nahm den Hund an die Leine und wandte mich zurück in Richtung Fluss. Ich wollte lieber durch das Wasser waten als ihn zu erschrecken, wenn ich aus den Bäumen auftauchte. Der Hund und ich standen gerade in der Mitte des Flusses nah bei der Brücke, als ich das Quad zurückkommen hörte. Ich schlüpfte unter den Brückenbogen und stand knietief im Wasser (der Hund mit dem Bauch), während Ewan über unsere Köpfe hinwegbrauste. Der Hund sah mich verdutzt an. Ich fühlte mich wie eine Amazone, die einen Eingeborenen meidet.

Ich hatte die Rezeptur für die Bärlauchpaste (siehe Seite 73) verbessert und machte mich an die Zubereitung, als Kitty in Schals gewickelt in meinem Cottage saß. Sie sah zu, wie ich Blüten und Blätter im Mörser zerrieb und die Haselnüsse von Hand zerkleinerte. Mit der Küchenmaschine wäre die Paste innerhalb von Sekunden fertig gewesen, doch so musste man 20 Minuten lang mühsam werkeln. Ich buk noch Haferfladen und setzte Kitty sowie einem Fotografen und seinem Assistenten von *Country Living* Fladen mit Bärlauchpaste vor.

Das Mahl bestand zu 100 Prozent aus Zutaten vom schottischen Land, sogar die Haselnüsse waren selbst gezogen. Kitty war nicht die einzige Pressevertreterin, die mich in diesem Frühjahr besuchte. Ich hatte einige Wochen mit Gabi Fisher, einer Radioredakteurin des Programms »Open Country«, korrespondiert. Früh an einem kalten Morgen tauchte sie mit dem Moderator Richard Uridge auf. Gabi produziert ihre Sendung komplett alleine, sie ist für Recherche, Aufnahme und Schnitt zuständig. Auf ihren Befehl hin sprachen oder schwiegen wir, damit sie das Geräusch des knisternden Feuers aufnehmen konnte oder wie ich den Reisigbesen schwang. In der Radiofachsprache nennt man das »Atmo«; es war spannend, mit Gabi zu arbeiten. Mittags kamen John Behm, der alle Holzarbeiten ausgeführt hatte, und Patrick Cave-Browne, der »Meister« des Feuermachens. John schilderte, wie er das Kastenbett gebaut hatte und wie schwierig es gewesen war, den Türrahmen aus junger Eiche zu fertigen. Alle sahen gebannt zu, wie Patrick die Zunderbüchse in Gang setzte. Er zeigte uns, wie man Feuerstein schleift, um eine scharfe Kante zum Schlagen des Stahls zu haben, und wie man Leinwand verkohlt, um Zunder zu gewinnen. Das war sehr praktisch, da meine Vorräte an geschliffenem Feuerstein und Zunder zur Neige gingen. Patrick hatte mich zwar gelehrt, wie das geht, doch ich war nie dazu gekommen.

Patrick hat meine Vorräte für die Zunderbüchse aufgefüllt. Ich habe es bis jetzt vermieden, Streichhölzer zu verwenden, indem ich das Feuer stets in Gang hielt. Trotzdem musste ich oft genug einen Funken schlagen, das beherrsche ich mittlerweile. Patricks Zunderholz ist extrem hilfreich. Die schwefelhaltigen, spitzen Enden fangen rasch Feuer, wenn ich sie gegen den glühenden Zunder halte und blase. Ich muss nur aufpassen, dass kein flüssiger Schwefel heruntertropft, wenn ich eine Kerze anzünde. Es muss schwierig gewesen sein, als es noch kein Zunderholz gab. Man musste sehr viel Zunderschwamm, trockenes Gras oder kleine Zweige sammeln, um eine Flamme zu erhalten. Ich bin froh, dass man im späten 18. Jahrhundert schon etwas weiter war. Damals haben die Frauen in Edinburgh in den Treppenhäusern Zunderholz verhökert, drei Stück zu einem Penny.

Im Mai sicherte man in den Lowlands die Versorgung der Gemüsegärten. Die für den Sommer gebrauchten Arbeitskräfte wurden auf einem Markt in Whit angeheuert, der traditionell am 15. Mai stattfand. Nachdem sie bei der neuen Herrschaft eingetroffen waren, kümmerten sich die Arbeiter als Erstes um die Bepflanzung. Der genaue Zeitpunkt hing vom Wetter ab. Junge Setzlinge sind sehr empfindlich, und wenn im Mai noch häufig Bodenfrost herrscht, empfiehlt es sich, mit dem Pflanzen noch zu warten.

Zuerst kommen Kartoffeln und Kohl in den Boden, meine Kartoffeln pflanzte ich in der ersten Maiwoche. Im Frühbeet befanden sich meine Setzlinge für Kohl, Grünkohl, Brokkoli und Blumenkohl. Sie hatten sich gut entwickelt, ich musste nur einen kühlen, feuchten Tag abwarten, um sie ins Freie setzen zu können. Winterharte Erbsen und Bohnen hatte ich Anfang März gesät, sie sprossen bereits und ich deckte sie mit Reisig ab, um sie vor den Vögeln zu schützen. Normalerweise nehme ich dafür Vlies, doch darauf musste ich jetzt verzichten, da jeder zufällig vorbeikommende Mensch bemerken würde, dass dies keine Gärtnermethode des 18. Jahrhunderts ist.

SPEISEKAMMER IM MAI

Aus dem Vorrat: Kartoffeln, Karotten, Zwiebeln, getrocknete Erbsen, Apfelringe & Pflaumen
Aus dem Garten: Lauch, Kohl, lila Brokkoli, Salat & Rucola (vom Frühbeet)
Gesammelt: Brennessel, Bärlauch, Geißfuß, Knoblauchhederich, Löwenzahnblüten

ARBEITEN IM MAI

- Karotten, Rote Bete, nochmals Erbsen, Petersilie und andere Kräuter, Kresse, wilden Rucola säen.
- Salatsetzlinge zum Abdecken in einer Reihe pflanzen.
- Immer wieder den Boden hacken, damit kein Unkraut wachsen kann.
- Gegen Ende das Monats die zarten Kohlpflanzen mit reichlich Abstand zueinander an ihren permanenten Standort versetzen. Sie werden riesig!
- Zucchini-, Gurken- & Kürbissetzlinge in kleinen Töpfen abgedeckt vorziehen. Busch- und Stangenbohnen werden auch so vorgezogen.
- Das hellere Tageslicht lässt den Schmutz vom Winter und die Spinnennetze sichtbar werden, Zeit für einen Frühjahrsputz.
- Flechten zur Farbherstellung sammeln und trocknen.

Ich brauchte zwei Wochen, um all die Samen zu säen, die ich bei Thomas Etty Esquire, einem Spezialisten für alte Gemüsesorten, bestellt hatte. Sein Verzeichnis der Pflanzen, die um 1800 angebaut wurden, ist beeindruckend. Die Gärtner der großen Anwesen in Schottland verwendeten tatsächlich Samen aus dem Süden. Vielleicht hat sich irgendwann eine passionierte Hobbygärtnerin (zum Beispiel die Frau des Schulmeisters) mit solch einem Fachmann angefreundet und er hat ihr Samen geschenkt. Ich musste meine jedenfalls kaufen und bezahlte 13 Euro für jede alte Sorte. Hinzu kamen 44 Euro für die übliche Bestellung aus dem Bio-Gartenkatalog, zusammengerechnet waren das meine teuersten Anschaffungen in diesem Jahr.

Als Nächstes zog ich Kürbisse und Gurken. In einer Ausgabe des *Herald* von 1796 fand ich eine Anzeige für »Eine Abhandlung über die Kultivierung der Gurke«. In der Vergangenheit hatte ich vergeblich versucht, Gurken anzubauen, doch wenn ich wie in meinem Zeitalter leben wollte, musste ich es nochmals wagen.

Ich war gerade mit einer unerwarteten Bereicherung meines Speiseplans beschäftigt, als erneut Besucher eintrafen. Die Bereicherung bestand aus einem kleinen Reh, das mir Hugh Chalmers, Leiter des Wildwood-Projekts, eine Woche zuvor vorbeigebracht hatte. Ich bin seit den Anfängen dieses Projekts mit dabei, wir halten den Wildbestand klein, bis neu gepflanzte Bäume robust genug sind, um Verbiss standhalten zu können. Wir hatten das Tier gehäutet und im Stall aufgehängt. Eines nachmittags beschloss ich, es zu zerwirken und einzusalzen. Ich hatte es gerade auf einen

Tisch vor dem Cottage gelegt, als ich Stimmen hörte. Meine Nachbarn Brian und Pam kamen mit zwei weiteren Gästen um die Ecke. Ich erkannte den Bildhauer Ronnie Rae und seine Frau Polly. Die beiden sind Vegetarier. Es war mir peinlich, dass ich im wahrsten Sinne des Wortes gerade bis zu den Ellbogen im Blut wühlte. Doch ich hätte mir denken können, dass Ronnie sich der Situation gewachsen zeigen würde: »Oh Fi, du bist so ursprünglich!«, dröhnt er mit der Stimme eines altestamentarischen Propheten. Er blieb stehen und beobachtete, wie ich das Reh zerlegte. Die Frauen zogen sich in den Garten zurück. Als sie wiederkamen, war die Prozedur bereits vorüber und alle Spuren beseitigt. Ich rieb die Fleischteile mit Salz ein und gab zwei Stück einem Freund, der ein Räuchergerät besitzt. Er räucherte eines heiß, das Fleisch schmeckte unglaublich lecker. Das andere, eine Keule, wurde kalt geräuchert und dann als Schinken in meinem Vorraum gehängt. Da es teuflisch stark gesalzen war, hielt es sich hervorragend. Ich schnitt immer ein paar Scheiben ab und weichte sie in Wasser ein, bevor ich sie in den Topf gab. Das Fleisch verfeinerte viele meiner Brühen.

Ich habe mich mehrfach gefragt, ob Anne Houston jemals ein ganzes Tier einsalzen musste. Es war ein weit verbreiter Brauch, Ochsen oder Kühe zu mästen und im Herbst zu schlachten, um sich einen Vorrat für den Winter anzulegen. Vermutlich hat eine Schulmeisterfamilie kein derartiges Tier besessen. Sie hatte höchstens eine Milchkuh, doch selbst das ist unwahrscheinlich, da sie meist nur einen Garten und kein Feld hatte. Möglicherweise haben sie sich mit ein paar Nachbarn zusammengetan, um Mastvieh zu kaufen. Dann hätten sie das Tier auch gemeinsam zerlegen und pökeln können, um leichter durch den Winter zu kommen.

Viele Familien bekamen niemals Fleisch zu Gesicht, Schafhirten erhielten lediglich ein Zubrot, wenn ein Tier an Schafseuche oder sonstwie einging. Da ich auf dem Land lebe, habe ich Schafe sterben sehen und finde die Vorstellung, dieses Fleisch zu essen, relativ ekelerregend, obwohl ich unsere Lämmer früher auch geschlachtet habe. Letztlich bin ich ganz froh, dass ich nur wenig Wild oder Fleischabfälle verarbeiten muss. Der Fleischerberuf hat sich erst gegen Ende des 18. Jahrhunderts entwickelt und zwar vornehmlich in Städten, in denen der Handel florierte und die Menschen genug Geld hatten. Eine Schulmeistergattin konnte höchstens Knochen, ein wenig Speck und vielleicht Innereien kaufen, mehr gab das schmale Salär ihres Mannes nicht her.

Ende Mai fand in Traquair House, einem ehemaligen Jagdschloss der schottischen Königsfamilie, ein Mittelalterfest statt. Aus diesem Grund besuchte mich eine siebenköpfige Familie aus Angus. Die Kinder im Alter von drei bis zwölf Jahren wurden alle zu Hause unterrichtet und waren stark an Geschichte interessiert. Mollie, die Älteste, hatte wochenlang an einer mittelalterlichen Robe genäht. Das Kleid war komplett von Hand gemacht; sie trug es mit einer derart natürlichen Anmut, dass sich mehr als nur ein Mittelalterfan nach ihr umdrehte. Alle anderen kleideten sich ebenfalls im Stil des Mittelalters. Ich war kurz versucht, mich ihnen anzuschließen, beschloss aber dann, in dem Jahrhundert zu bleiben, das ich mir ausgesucht hatte.

Rehwild und die Reste vom Zerwirken.

Das Tor von Traquair House, angeblich das einzige Haus Schottlands, das seit 1107 ständig bewohnt ist. →

Ein Rabe frisst an einem verendeten Schaf. →

Ich messe Mehl ab,
um Fladen zu backen.

Ein Mühlstein aus
dem 18. Jahrhundert.

Durch das Fest konnte ich verschiedene Garmethoden ausprobieren. Ich ergatterte einen großen Kochtopf auf drei Beinen; es war kein richtiger Kessel, eher ein Schmortopf. Ich hatte gelesen, dass man darin Brot buk und wollte es gerne versuchen. Brot wurde im mittelalterlichen Schottland aus Weizen-, Roggen- und Gerstenmehl hergestellt. Die Bäcker in Peebles und Perth verkauften die großen Laibe an wohlhabende Städter. Reines Weizenweißbrot konnten sich nur Reiche leisten. Die meisten Leute aßen selbst gemachte Fladen aus Gerste oder Hafer. Im Mittelalter war noch weniger Bargeld im Umlauf als im 18. Jahrhundert.

Das grobe Weizenmehl hatte ich bei der gleichen Mühle gekauft, von der ich mein Hafer- und Gerstenmehl bezog. Roggen hatte ich nicht, also vermischte ich die drei Mehlsorten mit Trockenhefe. Für frische Hefe muss man einen Mehlbrei mehrere Tage lang fermentieren lassen. Das hätte zu lange gedauert. Außerdem ist es nicht ganz

Wassermühle auf einer Zeichnung von Thomas Bewick.

Zartrosa Apfelblüten im Obstgarten und Brennnesseln hinter meinem Cottage.

einfach. Ich erinnere mich, dass meine Mutter in den 50er Jahren Hefe ansetzte. Entweder war ihr die im Handel erhältliche Ware ausgegangen oder sie war nach dem Krieg nicht zu bekommen. Ich ließ den Teig auf der Rückseite des Herds im Cottage gehen und schürte im Hof ein Feuer, um den Topf zu erhitzen. Ich hatte gehört, dass man nur ein paar glühende Scheite auf den umgedrehten Deckel eines Schmortopfs legen muss, konnte mir aber nicht vorstellen, dass der Topf dadurch heiß genug würde. Also setzte ich ihn direkt auf das Feuer und brachte ein paar Kohlen für den Deckel zum Glühen. Der Brotlaib kam auf ein Blech, das in den Topf gesetzt wurde. Nach 40 Minuten war das Brot an der Oberseite perfekt gebacken, doch die Unterseite war verbrannt. Ich hätte auf meine Ratgeber hören sollen.

Ich ging in mein Wohnhaus, bereitete zwei weitere Laib Brot zu und buk sie im Backofen, wo sie wunderbar gelangen. Ich lagerte die Brote in meinem Fischerkorb. Dort befanden sich bereits in Klettenblätter gehüllter Käse und Butter. Die Blätter der

Klette riechen angenehm nach Gurke. Ich hatte die jungen Stiele dieser Pflanze bereits als Gemüse gekocht, und war daher sicher, dass sie die Lebensmittel nicht verdarb. Die Blätter wurden mit Schnüren aus Brennnesseln zusammengehalten. Patrick Cave-Browne hatte mir bereits vor Jahren gezeigt, wie man aus Nesseln Schnüre macht. Die Brennnesseln hinter dem Hühnerstall waren 45 Zentimeter hoch. Die Kinder waren schwer beeindruckt, als ich die Blätter mit bloßen Händen von oben nach unten von den Stängeln streifte und die äußere Schicht der Rinde abzog. Hierfür löst man die faserhaltige Rinde am unteren Ende des Stängels und zieht sie dann über den Daumen ab. Die Rinde von mehreren Brennnesseln wird mit den Händen zu einer Schnur verflochten. Es ist schwierig, diese Technik zu beschreiben, man lernt sie aber schnell. Der älteste Sohn der Familie, die bei mir zu Gast war, beherrschte sie bald mühelos und half mir, genügend Schnüre zu flechten, damit ich meine Lebensmittelpäcken damit verknoten konnte.

NESSELSCHNUR

Die äußere Rinde der Brennnessel wie oben beschrieben entfernen. Die so gewonnenen Fasern in zwei gleich große Bündel teilen und an einem Ende verknoten. Den Knoten mit der linken Hand fassen und ein Faserbündel mit der Rechten sieben- bis achtmal vom Körper weg verdrehen. Das gedrehte Bündel zwischen Zeigefinger und Daumen der linken Hand nehmen. Dann das zweite Bündel sieben- bis achtmal verdrehen. Die beiden gedrehten Bündel mit der rechten Hand fassen, nach rechts miteinander verdrehen und dann den Knoten in der Linken loslassen. Diesen Vorgang mit jedem einzelnen Bündel wiederholen.

Diese Technik ist schwer zu beschreiben. Es ist viel leichter, es jemandem in der Praxis zu zeigen. Sie können die Bündel beim Verdrehen durch zusätzliche Fasern verstärken. Die neuen Fasern sorgfältig mit den alten verknoten.

Schnüre aus frischer, grüner Rinde zerfallen rasch, wenn sie trocken werden. Besser ist es, die Rinde ein bis zwei Tage zu trocknen, bevor sie verflochten wird. Dann hält die Schnur länger. Die Fasern der Brennnessel wurden seit jeher auch zur Stoffherstellung genutzt. Nesseltuch galt als das Leinen der armen Leute.

Naturbeobachtungen

1. Mai. Tiefe Wolken. Stand sehr früh auf.
Wollte den Sonnenaufgang vom Hügel aus
betrachten. Ging stattdessen im Tal spazieren. Hasenglöckchen spitzen heraus.

7. Mai. Im Klohäuschen nisten jetzt
Schwalben.

9. Mai. Auf dem Wiesenschaumkraut im
Garten sitzt ein Aurorafalter.

22. Mai. Eichen und Eschen treiben aus. Offenbar zeigen sich
die ersten Blätter dieser beiden stets zur gleichen Zeit. Doch in
einem kalten Frühjahr vor 15 Jahren hatten die Eschen wesentlich früher Blätter. Eine Eiche am Fluss trieb erst an Bens
Geburtstag am 26. Juni aus.

25. Mai. Prächtige Sumpfdotterblumen am Tweed.

Schlüsselblume

Biene an Hasenglöckchen

Im Mai ent-
falten sich die
jungen Blätter
des Ahorns.
In Schott-
land nennt
man Ahorn
auch Platane.

Wir nahmen die Päckchen zu einem Picknick mit. Ich breitete meinen Umhang im Gras aus und wir ließen uns darauf nieder. Kein Mensch, der vorüberkam, kommentierte meine Kostümierung oder meine Haube – alle waren viel zu sehr von dem historischen Mahl fasziniert, auf das sich die hungrige Meute stürzte.

Neben vielen Freunden besuchten mich im Mai auch die Mitglieder der Incredible String Band. Diese Folkmusikgruppe hat in den 1960ern eine Reihe von Cottages in meiner Nähe besiedelt. Ihr Hippie-Look und ihre Lebensart erregte damals einiges Aufsehen. Die fünf Musiker übernachteten im Wohnhaus und nutzten die ehemalige Scheune neben meinem Cottage als Übungsraum. Endlich erschallte wieder Musik auf dem Anwesen! Bis dahin war mir nur der Klang meiner eigenen Singstimme (schlecht) und von diversen Blockflöten (noch schlechter) vergönnt gewesen, einmal haben mir Freunde »Madrigale« vorgesungen, das war schön. Musik fehlte mir sehr, ich vermisste auch nach wie vor das Radio, obwohl die Tage nun länger wurden.

Ein Fiedler stimmt eine
Melodie an.

96

KAPITEL 8
Leben im Freien

ICH HATTE MICH gerade daran gewöhnt, die meiste Zeit im Garten und im Freien zu verbringen, als mich die Anforderungen des modernen Lebens an den Schreibtisch zwangen. Die Texte, die ich für eine Ausstellung über die Ernährung der schottischen Bevölkerung von der Steinzeit bis heute verfasst hatte, mussten überarbeitet werden. Die Ausstellung »The Guid Scots Diet« in Peebles war der eigentliche Auslöser für mein Experiment gewesen. Nun war ein Vorstand einberufen worden, der eine andere Herangehensweise wünschte. Es war ärgerlich, aus meiner altertümlichen Welt herausgerissen zu werden, ich hatte jedoch keine Wahl und musste mindestens zwei Tage pro Woche im Büro sitzen.

Ich lebte trotzdem weiterhin im Cottage und war entsprechend gekleidet. Ich hielt das Feuer in Gang und kochte damit für meine Gäste. Anfang Juni war es recht kühl. Mein ältester Sohn und seine Frau wollten nicht im Cottage übernachten. Sie fürchteten, es sei zu kalt für ihr Baby. Ältere Kinder liebten das Cottage hingegen. Mein vierjähriger Patensohn Sam und dessen Bruder Angus besuchten mich oft. Sie hatten einen Geheimzugang in mein Kastenbett entdeckt, eine kleine Türe, die wir in der Trennwand belassen hatten. Ich bewahrte den Eimer für das Schmutzwasser in der Nische auf. Den räumten sie jedoch bald weg und spielten ausgiebig im Bett, das ihnen als Piratenschiff oder Hexenhaus diente.

Ich genoss es, wenn ich dem Büro entfliehen und meine Tage im Cottage verbringen konnte. Zumindest, wenn es nicht regnete. Ich wartete auf einen schönen Tag, um meine Wäsche zu waschen. Unterkleider, Leinenhandtücher und Lappen hatte ich mühelos waschen können, doch auf mich wartete ein ganzer Berg von Laken. Es wurde Zeit für einen anständigen Waschtag. Im *Handbuch für Frauen* (einem frühen Leitfaden für junge Ehefrauen) fand ich viele Ratschläge für die richtige Durchführung. Man musste zum Beispiel montags damit anfangen: »Diejenigen, die an einem Montag waschen, haben die ganze Woche zum Trocknen.« Je später in der Woche man wusch, umso mehr wurde man zur Schlampe: »Diejenigen, die am Samstag waschen, sind echte Schmutzfinken.«

Dorothy Wordsworth, die Schottland 1803 bereiste, bemerkte häufig, wie schmutzig die Häuser waren. In Leadhills etwa »... waren die Teller im Gestell und die aufgehängten Geschirrtücher sehr sauber; aber die Böden, Treppen, Durchgänge, alles andere war schmutzig«; und im Haus des Dichters Robert Burns in Dumfries »waren die Böden so dreckig wie in den meisten schottischen Häusern«. Lobend erwähnt wurden hingegen die Frauen, die ihre Wäsche im Bach wuschen und dann in der

Es war herr-
lich, viel im
Freien zu sein
und die langen,
hellen Tage
zu genießen –
obwohl es zu
viel Regen gab,
um Laken
waschen zu
können. Das
ist der Blick
von der Rück-
seite meines
Cottage aus.

Sonne trocknen ließen. Es war nicht nur das schlechte Wetter, das mich vom Waschen abhielt: Ich wollte vorher Seife machen. Ich wusste, dass man für die Herstellung von Seife Talg und Lauge braucht. Den Talg hatte ich bereits aus Fettabfällen vom Fleischer geschmolzen. Nierenfett fand ich am besten, doch der Rauch, der beim Schmelzen entsteht, brennt in den Augen, außerdem stinkt das Fett stark. Die Lauge war eine weitere Herausforderung. Für diese ätzende Flüssigkeit wird Holzasche in Wasser eingeweicht und dann wird das Ganze gefiltert. In Schottland verbrannte man einst Farnkraut, um die Asche zu gewinnen. Farnkraut enthält reichlich Kalium, das in Verbindung mit Wasser alkalisch wirkt, und genau diese Alkalisalze reinigen die Wäsche. Der Farn wurde getrocknet und dann in einem eisernen Topf über dem Feuer verbrannt. Pottasche verdankt ihren Namen den Pötten, in denen man die Asche gewann. Ich fand nur ein seitenlanges Seifenrezept, das nicht sehr verlockend klang:

99

Seife herstellen ist eine schmutzige und gefährliche Angelegenheit, die ewig dauert! Das gab es nur auf großen Anwesen, auf denen reichlich Tierfett vorhanden war. Ansonsten war Fett zu wertvoll, man nutzte es zum Kochen oder machte daraus Kerzen. Ich nahm mir nochmals den First Statistical Account vor, dort hatte ich irgendwo etwas über Seife gelesen. Richtig, im Verzeichnis der jährlichen Ausgaben (großartig, dass manche Pfarrer sich für vorausahnend genug hielten, um bei unterschiedlichen Haushalten die gleichen Angaben zu machen). Seife wurde gekauft, nicht selbst gemacht. Die Memoiren einer Highland Lady bestätigen, dass Farmersfrauen, die Seife kochten, die Ausnahme waren. Ich bin erleichtert. Die Lauge reizt mich aber trotzdem.

Die Herstellung von Lauge war nicht schwierig, doch die braune Brühe roch wie ätzendes Soda. Ich hatte keine große Lust, Wäsche darin einzuweichen. Dennoch hat man früher darin Leinen gekocht. In den Aufzeichnungen wird immer wieder betont, wie wichtig gründliches Spülen ist. Kein Wunder, dass man die Wäsche lieber am Bach wusch als eimerweise Wasser zu schleppen. Ich brauchte nur die richtige Stelle:

Nach dem Abendessen ging ich zu einem Nebenfluss des Tweed, um eine geeigneten Stelle zu finden. Die Schaftränke am Ende des Pfarrackers ginge. Dort gibt es aber keine großen Steine, auf denen man die Wäsche schrubben kann. Ich suchte nach einem Stein, den ich dorthin schleppen könnte. Doch der beste, den ich sah, war einfach zu weit weg. Außerdem glaube ich, dass es ein alter Grenzstein ist. Einst wurden die Äcker der Pfarrer mit Steinen markiert. Das ist dem Sitzungsbericht der schottischen Kirche von 1747 zu entnehmen. Es wäre frevelhaft, den Stein zu bewegen.

Bevor es Seife gab, nahm man auch Kuhdung und abgestandenen Urin zum Reinigen der Wäsche. Joseph Taylor, ein Londoner Anwalt, der sich 1705 in Edinburgh aufhielt, beobachtete erstaunt, dass die Frauen »ihre Kleider mit ein wenig Kuhdung in einen großen Bottich mit Wasser geben. Dann raffen sie ihre Unterröcke bis zum Bauch, steigen in den Bottich und tanzen darin herum, um die Wäsche zu treten«. Als Seife gegen Ende des 18. Jahrhunderts industriell hergestellt wurde, nahm die Popularität von Kuhdung schlagartig ab. Urin wurde in den Haushalten jedoch weiterhin zum Reinigen von allen möglichen Dingen verwendet.

Das Wäschetreten der Frauen war für Männer ein tolles Spektakel.

Endlich schien die Sonne und eine leichte Brise verwehte die letzten Kastanienblüten. Ich schürte das Feuer und erhitzte meine beiden Wasserkessel. Ein weiteres Feuer wurde im Hof entzündet, da ich viel heißes Wasser brauchen würde. Ich legte einen Rost über das Feuer und stellte einen 18 Liter fassenden Wassertopf darauf. Er wurde bemerkenswert schnell heiß. Bald darauf raffte ich meine Unterröcke und stapfte in meinem Waschtrog auf der Wäsche herum. Zum Schrubben benutzte ich industriell hergestellte Seife, deren Wert ich nun umso mehr zu schätzen wusste.

Wäsche waschen war ein geselliges Ereignis, zu dem sich viele Frauen versammelten. In wohlhabenden Häusern arbeiteten Dienstmädchen und Hausherrin häufig Seite an Seite. Dieser Brauch hielt sich bis ins späte 18. Jahrhundert. Am Ufer eines Baches kamen meist nur Frauen aus ärmeren Häusern zusammen, um Wäsche zu spülen. Ich spielte mit dem Gedanken, die nasse Wäsche bis zur Schaftränke zu hieven. Doch da die moderne Landwirtschaft viele ungute Abwässer in die Flüsse leitet, ließ ich davon ab. Außerdem fehlten mir wieder einmal Gefährtinnen, ich hätte alle Utensilien alleine tragen müssen. Da war es einfacher, eimerweise Wasser über den Hof schleppen .

Wäschetreten machte Spaß. Im Winter hätte ich es allerdings nicht tun wollen.

Mungo fand Baden im Freien wunderbar.

Es wäre geschickt gewesen, den Trog neben den Wasserhahn zu stellen. Ich hatte ihn vor der Tür zum Cottage positioniert, immerhin waren da die Kessel in Reichweite. Meine Freunde John und Rachael tauchten plötzlich auf, eine ganze Stunde, bevor ich sie erwartet hatte. »Wunderbar«, dachte ich, »noch ein Helfer.« Ich hatte zwar schon alle kleinen Wäschestücke sowie ein Laken gewaschen, gespült und mühsam ausgewrungen, doch es blieben noch drei Laken. Hierfür musste ich noch heißes Wasser vom Herd holen. Rachael hatte ihren fünfzehn Monate alten Sohn Mungo im Arm. Der Kleine erblickte den Trog mit Wasser und war nicht mehr zu halten. Ehe wir uns versahen, hatte er seinen winzigen Fuß in den Trog geschwungen, dann folgte der zweite. Wir traten die Wäsche gemeinsam, doch Mungo wollte lieber darauf sitzen. Wir zogen ihn nackt aus und bald planschte er fröhlich im Trog. Zum Glück kam seine zarte Babyhaut nicht mit Lauge in Berührung!

Meine Hoffnung auf ein Paar helfende, weibliche Hände schwand dahin; man kann ein Baby im Waschtrog nicht unbeaufsichtigt lassen. Schließlich wrang John die Wäsche mit mir aus. Er packte so kräftig zu, dass die Laken wie Hüpfseile aussahen und ich am anderen Ende fast hochgehoben wurde. So etwas wäre im 18. Jahrhundert nicht passiert. Wenn Männer auf Illustrationen von Waschszenen überhaupt auftauchen, sind sie lediglich damit beschäftigt, auf die Beine der Frauen zu starren. Manchmal werden sie auch mit den langen Holzlatten verjagt, mit denen die Wäsche bearbeitet wurde. Es war wohl zu unwiderstehlich, einen Blick unter die Röcke zu erhaschen.

Es war üblich, Wäsche im Gras auszubreiten und von der Sonne bleichen zu lassen, aber diese Frau hat vergessen, das Gatter zu schließen!

Traditionelle Seife reinigt gut, wenn man von Hand wäscht.

Ich brauchte den ganzen Tag, bis alles gewaschen und trocken war. Man stelle sich diese Prozedur im Winter vor! In reichen Häusern gab es so viel Leinen, dass die Bewohner den Waschtag verschieben konnten. Doch arme Leute mussten bei jedem Wetter waschen und die nassen Sachen im Haus aufhängen, wenn sie Wert auf Sauberkeit legten. Es gibt Berichte von Kindern, die am Samstagabend nackt ins Bett geschickt wurden, damit ihr einziges Gewand bis Sonntag früh trocken wurde. Was für ein Segen muss es für die Menschen gewesen sein, als 1732 im Park von Glasgow ein öffentliches Waschhaus errichtet wurde. Die dortige Heißwasserversorgung beeindruckte Dorothy Wordsworth 1803:

»Da sind zwei riesige Räume, in deren Mitte je eine Zisterne für heißes Wasser steht. An den Wänden verlaufen ringsum Bänke, auf denen die Frauen ihre Tröge abstellen können. Beide Räume waren sehr voll, es waren hundert oder zweihundert, vielleicht sogar dreihundert Frauen. Ihre genaue Zahl ist schwer einzuschätzen, es waren ihrer so viele … Es war unterhaltsam, so viele Frauen zu sehen, Köpfe, Arme, Gesichter; alles war in Bewegung, alles kam einer häuslichen Pflicht nach. Gewöhnlich sieht man höchstens drei bis vier beschäftigte Frauen an einem Ort. Die Frauen waren sehr höflich, sie erklärten mir die Hausregeln, die Einzelheiten habe ich leider vergessen. Im Wesentlichen geht es darum, dass ›so viel‹ für einen Bottich heißes Wasser bezahlt werden muss und ›so viel‹ pro Tag und ›so viel‹ für die Aufseher, wenn die Wäsche zum Bleichen ausgelegt wird.«

Schade, dass sich Dorothy nicht an die Preise erinnern kann. Mein blankge-putzter Fußboden hätte sie vielleicht auch beeindruckt. Ich hatte ihn mit der übrig gebliebenen Lauge geschrubbt. Die Fettflecken waren alle verschwunden, die Bretter wirken nicht gebleicht, sondern leicht gefärbt.

Am Ende des langen Waschtags hatte ich wieder frische Laken auf dem Bett. Welch Wonne, in sie hineinzuschlüpfen! Die Zudecke war seidig weich, weil ich sie gebügelt hatte. »All diese viele Arbeit«, dachte ich, »habe ich vollbracht und dabei nur zwei Schalen Brühe und einige Gerstenfladen gegessen.« Die reichhaltige Brühe hatte ich allerdings aus den Knochen des Rehs gekocht, das man mir gebracht hatte. Das Fleisch hatte die mageren Zeiten über eine Woche lang in eine Phase des Schlemmens verwandelt.

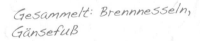

SPEISEKAMMER IM JUNI

Aus dem Vorrat: letzte Kartoffeln, Karotten, Zwiebeln & Apfelringe

Aus dem Garten: junger Spinat, Kohl, Salat, Rucola, neue Kartoffeln & am Ende des Monats Erdbeeren

Gesammelt: Brennnesseln, Gänsefuß

LAUCHBEET ANLEGEN

Am Ende der Fläche, die das Lauchbeet werden soll, eine spaten-
tiefe Rinne ausheben, etwa vier Spatenlängen breit. Die Erde auf
der anderen Seite des Beets abladen. Eine Schubkarre mit Garten-
kompost oder Stalldung füllen und den Dünger gleichmäßig in der
Rinne verteilen. Nun die nächste Vertiefung ausheben, sie sollte
genauso groß wie die erste sein. Die gewonnene Erde über das
soeben gedüngte Stück streuen. Den Vorgang wiederholen, bis
das gesamte Beet mit Dünger versorgt ist. Für das letzte Stück
die Erde von der ersten Vertiefung nehmen.
Die Pflanzlöcher vorbereiten. Dafür den Boden gründlich
wässern, bei trockener Erde fallen die Löcher in sich zusammen.
Nach dem Wässern den Boden einige Stunden setzen lassen. Mit
einem angespitzen Stielende im Abstand von 15 cm zueinander
20 cm tiefe Pflanzlöcher anbringen. Die Lauchsetzlinge in die
Löcher stecken. Gut wässern und dann einfach wachsen lassen.
Sofern es nicht ungewöhnlich trocken ist, benötigen die Lauchpflanzen keine weitere Pflege. Sie müssen nur einmal gründlich
von etwaigem Unkraut befreit werden.

Der Juni ist eine arbeitsintensive Zeit im Garten. Karotten, Buschbohnen und Erbsen müssen gesät, Kürbis- und Lauchsetzlinge können endlich gepflanzt werden. Lauch benötigt gut gedüngte Erde, das Beet muss sorgfältig vorbereitet werden. Wenn ich nicht an meinen Ausstellungstexten arbeitete, war ich im Garten. Meine Gäste mussten sich ebenfalls dorthin begeben, wenn sie mich sehen wollten. Lange Sommertage machen mich immer unruhig. Trotz all dieser Aktivitäten bekam ich Fernweh, sobald ich meinen ersten Textentwurf für das Museum abgegeben hatte.

Ich wollte unbedingt ans Meer, deshalb plante ich eine Wanderung an die Küste. Ich holte eine Landkarte heraus. Da fiel mir ein, dass das ein Anachronismus war und ich keine Karte bei mir haben würde. Am einfachsten war, dem Southern Upland Way, einem herrlichen Fernwanderweg zu folgen, der an meiner Haustüre vorbeigeht und, von einigen Umwegen abgesehen, nahezu direkt an die Küste von Berwickshire führt. Ich würde ungefähr vier Tage lang marschieren. Entlang drei Viertel der Strecke wohnten Freunde von mir, ich würde also drei Nächte problemlos unterkommen können. Mir war nur unklar, wo ich die vierte Nacht bleiben sollte. Die Scheunen Schottlands enthalten im Juni nicht viel Heu und die modernen, in Folie gehüllten Ballen ergeben kein bequemes Bett. Sollte ich auf eine warme Nacht hoffen und unter einer Hecke schlafen oder würde ich für mein Quartier bezahlen müssen? Meine Freundin Helen fand eine Lösung. Sie kannte Leute, die in der Nähe meiner letzten Etappe wohnten. Sie würde sie bitten, uns für eine Nacht unterzubringen. Dann könnte sie mich einen Tag lang begleiten. Da ich nicht telefonieren durfte, schrieb ich an all meine zukünftigen Gastgeber Briefe und musste auf ihre Antwort warten. Ich hoffte, dass die altertümlich anmutende, mit Wachs versiegelte Sendung rasch erwidert werden würde.

Früher mussten viele Reisende unter einer Hecke schlafen.

Mittlerweile hatte ich mich daran gewöhnt, mit einem Federkiel zu schreiben, wobei das Zuschneiden nicht ganz einfach ist. Man benötigt die äußersten fünf Federn von Gänsen oder anderen großen Vögeln wie Truthähnen und ein sehr scharfes Messer. Der Kiel wird vor dem Zuschneiden in heißem Sand gehärtet, das ist mir aber nur einmal erfolgreich gelungen, oft zersplitterte der Kiel nach wenigen Schreibversuchen. Ich habe gelesen, dass der Dichter Samuel Taylor Coleridge (1772–1834) auf eine dreiwöchige Reise 32 Federkiele mitnahm, er hatte also einen ziemlichen Verschleiß. Sollte sein Papier so rau gewesen sein wie jenes authentische, das ich bei einer Papiermühle in Irland bestellt hatte, würde mich das nicht wundern. Es wirkte glaubwürdig, doch die Oberfläche war wie grobes Löschpapier, meine Feder rutschte mir häufig weg und verursachte Kleckse. Meine Schwester Gaie hat alle Briefe, die ich ihr in jener Zeit schrieb, freundlicherweise gesammelt und aufbewahrt. Ich bin beschämt, wenn ich sie betrachte: Sie sehen wie die unbeholfenen Versuche eines Schulkinds aus.

FEDERKIELE

Man benötigt große Gänse- oder Truthahnfedern. Üblicherweise nahm man die äußersten fünf Federn des rechten oder linken Flügels. Dann braucht man ein sehr scharfes Messer, ein Cutter bzw. Teppichmesser ist zum Beispiel gut geeignet. Sollten Sie ein traditionelles Taschenmesser benutzen wollen, dann sollten Sie die Klinge schleifen, bis sie so scharf wie ein Rasiermesser ist und das Taschenmesser nur für diesen Zweck einsetzen.

Eine alte Büchse mit Sand füllen und für 20 Minuten bei Mittelhitze in den Ofen stellen. Die Kielspitzen in den Sand stecken. So lange darin belassen, bis die Spitzen transparent sind.

Die unteren Federn der Kiele mit einer Schere stutzen, damit sie beim Schreiben nicht im Weg sind. Die Feder verkehrt herum halten und die Kielspitze im 45-Grad-Winkel schräg anschneiden. Die auf dem Kiel befindliche Haut rundherum abkratzen. Die Feder auf ein Brett legen und die Spitze mit einem einzigen Schnitt teilen, damit Tinte hineinfließen kann. Einen Schreibversuch machen und eventuell noch etwas nacharbeiten.

Es bedarf einiger
Übung, bis man mit
einem Federkiel
schreiben kann. Ich
kleckste manchmal.

Das lag zum Teil aber auch an der Tinte. Mein Freund Roger Deakin in Suffolk hatte mir gezeigt, wie man aus Holunderbeeren Tinte gewinnt, ich hatte sie schon im Herbst zuvor gemacht. Sie hatte eine hübsche violette Farbe, verblasste aber rasch. Ich musste den Federkiel häufig hineintauchen, damit meine Schrift lesbar wurde. Flüssiges Schreiben wurde dadurch erschwert und natürlich kleckste ich oft. Ich war erstaunt, dass Gaie manche meiner Briefe entziffern und mir antworten konnte. Sie war eine treue Schreiberin und schickte mir während meines Jahres im Cottage jede Woche einen Brief. Normalerweise haben wir nicht so viel Kontakt und ich war ihr für die großzügige Unterstützung meines Projekte dankbar. Ich war jedes Mal voller Vorfreude, wenn der Postbote gegen Mittag kam. Es war ein Vergnügen, »echte« Briefe zu erhalten. Die Leute nehmen sich mehr Zeit, wenn sie sich hinsetzen, um einen Brief zu schreiben, anstatt eine E-Mail mit einem Klick abzuschicken. Ich kam in den Genuss von Geschichten, Geheimnissen und einer Menge Klatsch. Nicht nur von Gaie, sondern von vielen Freunden, das hat mir in diesem Jahr sehr geholfen.

Um das Tintenproblem zu lösen, sammelte ich im April und Mai Galläpfel. Das sind keine Früchte, sondern Auswüchse an Blättern, Zweige und Knopsen bestimmter Eichenarten. Aus Galläpfeln wurde seit jeher Tinte hergestellt, ich hatte ein altes Rezept dafür gefunden. Man musste sie zerreiben und dann in einem eiseren Topf kochen. Das tat ich, als Susie Reade wieder einmal da war, um mich zu zeichnen. Den alten Topf hatte ich aus einem Bach gefischt, er muss rostig sein, weil durch die Ver-

Mein Tintenfass mit Feder.

bindung von Gallussäure und dem Eisensulfat des Rosts die tiefdunkle Farbe der Tinte entsteht. Die Tinte ist ätzend und kann nicht verblassen, weil sie sich quasi in das Papier brennt. Gallustinte gilt als dokumentenecht und wird noch heute für die Unterzeichnung von Verträgen verwendet. Vor dem Gebrauch muss sie einige Tage stehen, deshalb konnte ich Susie mein neues Produkt nicht ausprobieren lassen. Sie nahm stattdessen die Holundertinte, tauchte einen Stock hinein und fertigte damit ein paar flotte Zeichnungen von mir an.

Die Gallustinte war hellbraun. Ich hatte einmal irgendwo gelesen, dass man Lampenruß zufügt, damit sie dunkler wird. Ich nahm den Ruß einer Kerzenflamme. Die Tinte wurde schwarzbraun und verblasste in keinster Form. Ich füllte sie in ein altes Tintenfass und konnte sie das ganze restliche Jahr verwenden. Denn an hellen Sommerabenden schrieb ich weiterhin eifrig verkleckste Briefe, ich hatte ja keine anderen Kommunikationsmittel.

GALLUSTINTE

Galläpfel entstehen durch die abgelegten, befruchteten Eier der Gallwespe. Sie werden gesammelt und dann im Mörser zerrieben. Eine gute Handvoll mit etwa 500 ml Wasser in einen rostigen Topf geben oder einen rostigen Nagel zugeben, wenn Sie keinen verrosteten Topf haben. 20 Minuten kochen lassen. Abkühlen und ein paar Tage stehen lassen.

Die Tinte wirkt vielleicht ein wenig blass, sie wird im Lauf der Zeit aber dunkler und ist tatsächlich urkundenecht. Wenn die Tinte dunkler sein soll, etwas Ruß unterrühren. Hierfür einen Löffelrücken über eine Flamme halten (Vorsicht, verbrennen Sie sich dabei nicht! Nehmen Sie einen langstieligen Löffel.) und danach abkratzen.

ARBEITEN IM JUNI

- Busch- und Stangenbohnen ins Freie säen. Abdecken und regelmäßig wässern.
- Zucchini in ihr Beet pflanzen und abdecken.
- Salatreihen im Frühbeet oder unter anderem Schutz aussäen.
- Hacken, hacken, hacken (den Boden lockern).
- Unkraut bei Zwiebeln vorsichtig jäten, Zwiebeln haben empfindliche Wurzeln.
- Die ersten Feldfrüchte ernten.
- Lange Brombeertriebe aufbinden. Die Sträucher mit Netzen abdecken, damit die Vögel nicht alle Früchte fressen.
- An einem heißen Tag Holunderbeeren sammeln. Sirup, Likör oder Schaumwein daraus machen.
- Lauchbeet anlegen (siehe Seite 106).

Im Juni konnte ich meine ersten Kartoffeln ernten.

NATURBEOBACHTUNGEN

4. Juni. Bei meinem Abendspaziergang
huschten Fledermäuse durch die Luft.
Die zarten Eschenblätter zeichneten
sich wie Federn gegen den Himmel ab.

11. Juni. Auf einer Schlingpflanze an
einer Cottagewand ist ein Fliegen-
schnappernest. Normalerweise nisten
sie am Wohnhaus.

22. Juni. Am Teich wachsen gelbe
Schwertlilien, grüne Minze und Fieberklee.
Die Heckenrosen stehen in voller Blüte.

Schottische Fledermaus,
illustriert von William
MacGillivray, einem
Zeitgenossen von mir.

Heckenrosen und Blumen am Teich.

KAPITEL 9
Hochsommer

ER JULI BRACH mit aller Macht herein. Die Milch im Cottage wurde sauer, ich musste den Krug in einen Eimer Wasser stellen, dann blieb sie mit etwas Glück zwei oder drei Tage frisch. Das war wirklich ein Problem. Ich konnte ja nicht einfach ins Dorf fahren und neue Milch kaufen, wie das jeder heutige Landbewohner tut, ohne einen weiteren Gedanken daran zu verschwenden. Aufgrund meines Umweltbewusstseins habe ich schon immer auf überflüssige Fahrten mit dem Auto verzichtet. Aber die Sache stellt sich gänzlich anders dar, wenn man alles zu Fuß erledigen muss. Dann sind fünf Kilometer eine beachtliche Strecke, vor allem bei schlechtem Wetter. Deshalb war ich im Winter nur selten ins Dorf gegangen. In letzter Zeit hatte ich mich einmal pro Woche auf den Weg gemacht, jetzt musste ich doppelt so oft losstiefeln, um stets frische Milch im Haus zu haben.

Die häufigen Spaziergänge hatten allerdings den Vorteil, dass ich Dinge wahrnahm, die ich bei einer Autofahrt niemals zu Gesicht bekommen hätte: im Februar eine Schleiereule, die tagsüber jagte, ihr rötlich-braunes und weißes Gefieder war über den schneebedeckten Feldern eine perfekte Tarnung (siehe Seite 49). Oder zum Beispiel ein Wintergoldhähnchen und einen Eisvogel (siehe Seiten 38 und 40). Im März erblickte ich zwischen den heftigen Regenschauern die ersten Heckenpflanzen. Holunder und Geißblatt trieben aus, die flaumigen, roten Blüten an den vereinzelt stehenden Ulmen waren so zart, dass man sie nur sah, wenn man direkt davorstand. Im Juni erblühten die Wildrosen, zunächst eher zurückhaltend, doch dann in einer prächtigen Palette an Rosatönen. Nah bei der Anhöhe des Hügels wuchs eine nahezu weiße Heckenrose und neben der Abzweigung zur Mühle stand eine weitere; ihre Blätter waren olivgrün, die Blüten tiefrosa. Beide zählten offenbar zur Heckenrosenart *Rosa canina*.

NATURBEOBACHTUNGEN

6. Juli. Ging die Wasserzufuhr überprüfen.
Im Zulaufbecken war ein großer Aal.
Ganz was Neues! An
der Böschung stehen
Glockenblumen.

20. Juli. Auf den
Samenkapseln des
Löwenzahns im Hof
sitzt eine
Stieglitzfamilie.

Wenn ich Freunde besuchen ging, erlebte ich die Landschaft zu ungewöhnlichen Tageszeiten. Ich liebte es, im Frühling in der Abenddämmerung drei Kilometer über die Hügel zu wandern, um mit Freunden im nächsten Tal zu essen. Beim Heimweg verzauberte das Mondlicht die Landschaft: Vor dem hellen, leuchtenden Himmel wirkten die Birken wie gemeißelt. Eulen heulten. Die dunklen Wälder wichen zurück und gaben den Blick auf silbern angehauchte Hügel frei, als ich ein freies Feld erreichte. Bevor es elektrisches Licht und Autos gab, pflegte man sich in klaren Mondnächten im Freien zu versammeln. Man erzählte einander Geschichten, musizierte und tanzte im Mondlicht. Die Menschen warteten immer ungeduldig auf die Veröffentlichung des Jahreskalenders, um zu wissen, wann mit Mondnächten zu rechnen war.

Die alten Pfade über die Hügel vermitteln ein gutes Gefühl dafür, was es bedeutete, soziale Kontakte aufrechtzuerhalten. Ich brauche eineinhalb Stunden, um die Anhöhe über dem Tal zu erreichen, in dem meine Freundin Helen wohnt, und eine weitere, um zu ihrem Haus hinabzusteigen. Ich war immer ein wenig aufgeregt, wenn ich den letzten Abhang hinunterkletterte. Würde sie zu Hause sein? Einmal war sie es nicht, glücklicherweise waren aber andere Freunde in dem Weiler. Ich hätte mich schriftlich ankündigen sollen. Das taten die Geschwister Wordsworth, als sie die 19 Kilometer von Grasmere nach Keswick gingen, um Coleridge aufzusuchen. Bei ihrer Tour durch Schottland im Jahr 1803 legten die beiden eine wesentlich weitere Strecke zurück. Sie hatten zwar eine Kutsche, einen »irischen Ausflugswagen«, doch das Pferd war alt, meist zog es ihr Gepäck, während sie zu Fuß gingen. Das sorgte für Unruhe, als sie nach Peebles kamen, wie Dorothy berichtete: »Gut gekleidete Leute waren auf dem Weg zur Kirche. Wir schickten die Kutsche voraus und gingen zu Fuß. Als wir die Hauptstraße entlanggingen, wurde William auf seltsame Weise von einem Mann beseitegezogen, der ihn eingehend musterte – scheinbar wollte er wissen, wer William war, ein Ire oder ein Fremder, ich vermute, es war unser Wagen, der Verdacht erregte, damals war die drohende Invasion in aller Munde.« (Man rechnete jeden Augenblick damit, dass die Franzosen von Irland aus einmarschieren würden.)

Dorothy war eine zuverlässige Berichterstatterin, mit einem Auge für Feinheiten. Das schottische Landleben unterschied sich beträchlich vom englischen, Ungewöhnliches fiel ihr sofort auf. Während meines Jahrs in der Vergangenheit wurde sie zu einer Art Heldin für mich: Sie war eine »Zeitgenössin«, die sich tatkräftig von Konventionen befreite und Reisen unternahm. Durch sie erfuhr ich, dass in den Wohnstuben der Schenken Schottlands Kastenbetten waren; dass die Wände im Salon von Burns Witwe blau angestrichen waren und dass man in den Highlands grüne Regenschirme trug. Zuweilen bewunderte ich ihre Dreistigkeit; die Geschwister schlenderten so lange um das Haus der Burns herum, die gerade nicht zu Hause waren, bis ein Dienstmädchen sie einließ. Ein andermal, es war in einem winzigen Haus nahe Loch Lomond, fragte Dorothy ihre Gastgeberin: »Warum benutzen sie kein Rollholz?« Die gute Frau, die ihre Fladen mit der Hand flachklopfte, schwieg. Wahrscheinlich hatte sie noch nie von einem derartigen Gerät gehört, zumindest findet man es in Sammlungen jener Zeit selten.

Es war Dorothy, die mich zu meiner großen Wanderung inspirierte. Ich musste wenig Gepäck haben. Ich versah meine alte, lederne Umhängetasche mit einem extra Gurt und packte nur das Nötigste ein, wie meinem Tagebuch zu entnehmen ist:

- Taschenmesser
- Hornbecher
- zwei Tücher (Wasch- und Handtuch)
- hölzerne Zahnbürste (Dorothy Words-
  rth hatte sicher keine : »Bald habe ich
  ne Zähne mehr, aber wenigstens werde
  geliebt«)
- Kamm
- sauberes Unterkleid

- saubere Strümpfe
- Notizbuch und Bleistift
- indischer Schal (Pashmina, von vor 1900)
- regenfester Umhang (nicht authentisch)
- Lederbeutel mit acht Gerstenfladen,
- acht Haferkuchen, Käse, getrocknete
  Apfelringe und Pflaumen (bis auf
  den Käse alles hausgemacht)

Ich habe alles, selbst das Essen, in die kleine, lederne Tasche gepackt. Doch jetzt mache ich mir Sorgen, welche Schuhe ich anziehen soll. Die alten Lederstiefel kommen nicht infrage. Ich bekomme in ihnen immer noch Blasen, wenn ich ins Dorf gehe. Ich glaube, ich muss meine anständigen Wanderstiefel tragen und ausnahmsweise auf Authentizität verzichten. Was mache ich gegen Schafzecken? Wenn ich im Garten mit nackten Beinen herumlaufe, ist das kein Problem, habe aber Angst, mir welche in den Hügeln einzufangen. Soll ich Leggings tragen? Entscheide ich morgen früh.

Der regenfeste Umhang war mein Zugeständnis an das 21. Jahrhundert. Früher haben es die Leute möglichst vermieden, bei Regen unterwegs zu sein. Samuel Johnson und sein Begleiter James Boswell quartierten sich tagelang bei ihren Gastgebern auf Skye ein, um besseres Wetter abzuwarten. Ich war nicht so flexibel, weil ich alle Übernachtungen bereits fest arrangiert hatte und zudem zu meinem Garten zurückmusste. Am Ende trug ich tatsächlich Wanderstiefel und Leggings sowie lange Kniestrümpfe. Der Biss einer Schafzecke kann gefährliche Krankheiten verursachen, da wollte ich kein Risiko eingehen.

Ich brach zu einer außergewöhnlichen Reise auf, deren Beginn trostlos wirkte, am Himmel hingen tiefe Wolken und es sah nach Regen aus. Charlie Poulsen war bei mir, ein befreundeter Künstler, der mich wochenweise besucht hatte, wenn er an seinem Naturkunstwerk auf dem Hügel unter dem Minchmuir arbeitete. Ich hatte schon viel von den großen Ellipsen gehört, die er ins Heidekraut geschnitten hatte, je nach Standpunkt des Betrachters veränderten sie ihr Aussehen und ich war erpicht darauf, das zu sehen. Wir erklommen den Pfad bis zu seinem Kunstwerk. Obwohl Nebel herrschte, war der Anblick, wie sich die Konturen in der Heide magisch zu Kreisen formierten, faszinierend. Einen Reisenden im 18. Jahrhundert hätten sie sicher verwirrt. Heutzutage werden sie wahrscheinlich in erster Linie von Mountainbikern gesehen, an dieser Stelle führt ein Radwanderweg vorbei.

In Galashiels trennte ich mich von Charlie. Er nahm den Bus nach Innerleithen, wo sein Auto stand, und ich musste noch drei Kilometer bis zu meiner Unterkunft laufen. Wir setzten uns kurz in das einzige Café, das geöffnet hatte. Es war schrecklich:

Im Juli muss im Garten viel getan werden: Unkraut jäten, ernten und einlagern.

Überall lagen halb aufgegessene Mahlzeiten herum, es war laut und schmutzig. Wir beobachteten, wie die Leute einen Hamburger kauften, ein oder zweimal hineinbissen und ihn dann liegen ließen. Die Burger sahen nicht schlechter aus als andere, es ist das, was Menschen offenbar einfach tun, ein seltsames Nebenprodukt einer Überflussgesellschaft, Verschwendung hat keine Bedeutung. Wir rätselten, ob die Gäste des Cafés jemals ganz oben auf dem Hügel gewesen waren, von dem sich herrliches Waldland bis hinunter zur Stadt erstreckt. Wir fragten uns, was die Leute, die um 1790 lebten, wohl zu dem Gebaren ihrer Nachkommen gesagt hätten.

Die erste Nacht verbrachte ich in einer originalgetreuen Schlafstube im Flur eines alten Gehöfts. Die Stube erinnerte mich an Häuser in meiner Jugend, in denen man durch ein Schlafzimmer musste, um ins nächste zu geraten. Die Privatsphäre spielte seinerzeit sicher keine Rolle, mir war sie im Moment auch nicht wichtig, obwohl auch niemand durch den Flur kam, während ich schlief. Das Frühstück, das ich in der mit Steinplatten gefliesten Küche einnahm, war zeitlos. Meine Gastgeberin machte mir zu Ehren Porridge. Gut gestärkt zog ich im schönsten Sonnenschein los. Kurz darauf begann es zu regnen. Ich hüllte mich in meinen Wollschal, kapitulierte aber bald und zog meinen wetterfesten Umhang an. Als ich Melrose und damit das Haus weiterer Freunde erreichte, war ich zwar trocken, doch meine Kleidersäume waren total verschmutzt. Ich trank gerade Kaffee, als ich erfuhr, dass Gillian Clarke, bei der ich am Ostersonntag gegessen hatte, soeben in einem nahen Krankenhaus gestorben war. Den Rest des Tages verbrachte ich bei Peter, Gillians Ehemann, der in den schrecklichen Stunden, in denen er darum kämpfte, ihren Tod zu realisieren, Unterstützung brauchte. Er hatte ihn zwar lange befürchtete, aber niemals wirklich erwartet. Am späten Nachmittag nahm ich sein Angebot an, mich nach Lauder zu fahren. Es regnete noch immer in Strömen. Ich stapfte durch die Parklandschaft des südlichen Hochlandwegs, musste mich aber dann auf Asphalt begeben, um zu meinen nächsten Gastgebern zu gelangen. Auf der Straße war reger Verkehr, außerdem war die Sicht schlecht, deshalb beschloss ich, an einem Fluss entlang zu laufen, der in die richtige Richtung zu gehen schien. Die Richtung stimmte zwar, doch der Bach mäanderte. Ich brauchte Stunden, um über Zäune und Bedeichungen zu steigen, Nebenflüsse zu durchwaten und mich durch hohes Gras zu kämpfen.

Wahrscheinlich bin ich in meinem Leben noch nie so durchnässt gewesen, aber endlich erreichte ich mein Ziel. Es handelte sich um das exzentrische Haus von Helens Freunden. Es lag an einem Fluss, dunkelbraunes Wasser rauschte zwischen Weiden und Erlen hindurch. Die abgerundete Rückseite des Gebäudes thronte auf einer hölzernen Plattform hinter einem großen Weißdorn. Das Haus sah aus, als ob es aus Strohballen zusammengezimmert und mit einer Plastikplane abgedeckt worden wäre. »Hippies«, dachte ich, und stellte mich auf einen fröhlichen Abend auf Bodenkissen ein.

Ausgewachsener Weißdorn im Hochsommer.

S. und C. waschen sich bei jeder Witterung täglich im Fluss. Unter dem Haus befindet sich dafür eine spezielle Uferstelle und ein Stein für die Seife. Dort wäscht C. auch die Wäsche. Sie bauen Gemüse an und behaupten, sie hätten nur wenige Bedürfnisse. Doch sie werden Schottland verlassen und nach Italien gehen. Das prächtige Haus ist bereits verkauft. Sie haben uns Fotos von dem heruntergekommenen Gehöft gezeigt, das sie gekauft haben. S. möchte mit seinem Kleinflugzeug dorthin fliegen, C. ist davon noch nicht überzeugt. Die beiden stellen eine rätselhafte Mischung aus Schlichtheit und Perfektion dar.

Doch die Gastgeber, die mir die Tür öffneten, waren makellos gekleidet, er in cremefarbene Kniehosen aus Englischleder, sie in geblümte Batikhosen. Das »Hexenhaus« entpuppte sich als luftiger, achteckiger Raum, an den sich ein langes, niedriges Gebäude anschloss, das wie eine Galerie aussah. Diese bestand aus einer Reihe Bücherregalen, die regelmäßig von großen Rundbogenfenstern durchbrochen wurde. Sie endete in einer Apsis, die wie ein Schaustellerwagen verglast war. Das Mobiliar war elegant, die Stoffe teuer; in den Glasvitrinen standen Silber und edles Porzellan. Die Küche zierte ein kirschroter AGA-Herd. Der erste Eindruck hatte getrügt: Dieser Wohnsitz wäre eines Samuel Johnson würdig gewesen. Die gepflegte Unterhaltung, die wir führten, passte perfekt zur Einrichtung. Ich hätte mir keinen angenehmeren Aufenthaltsort wünschen können, als ich dort in geliehener Kleidung saß, meine eigene trocknete in der Nähe des Herdes. Helen traf ein und im Laufe des Abends sprachen wir immer wieder über die wesentlichen Elemente eines einfachen Lebens. Ich erfuhr, dass meine Gastgeber nicht nur die gleichen Ansichten vertraten wie ich, sie lebten sie sogar konsequenter.

Als Helen und ich am nächsten Tag acht Stunden lang über die Lammermuir-Hügel gingen, bekamen wir nur einen einzigen Menschen zu Gesicht. Sogar das Dorf, durch das wir kamen, war ausgestorben. Vor 200 Jahren muss es hier ganz anders ausgesehen haben. Wir schleppten uns bis zum nächsten Dorf, wo weitere Freunde von Helen wohnen. Dort saßen wir, unfähig, nochmals fünf Kilometer bis zu unserer eigentlichen Destination zurückzulegen. Zum Glück kam John Behm mit einem Pick-up vorbei und fuhr uns den restlichen Weg. Wir waren froh, nach unserem langen Marsch in Johns und Rachaels gemütlicher Küche sitzen zu dürfen.

Am letzten Tag ging ich alleine. Die Sonne brannte auf mich herunter und ein Bein schmerzte, ich humpelte vor mich hin. Doch als ich ein langes Waldstück durchquerte, durfte ich die Sommerblumen in ihrer ganzen Pracht genießen: Knabenkraut, Geißblatt und Fingerkraut standen in voller Blüte. Bunte Schmetterlinge ließen sich auf ihnen nieder. Ich hatte erwartet, dass das Meer grau sein würde, aber als ich einen ersten Blick darauf erhaschte, war es tiefblau. Auf dem letzten Stück Weg entlang der Klippen bis zu einem kleinen Hafen kam ich schwer ins Schwitzen. Ich wurde in einer Fischerhütte erwartet, mein Gastgeber stand bereits davor. Kurz darauf traf mein Sohn Ben mit einigen seiner Freunde ein. Wir schwammen in der hereinströmenden Flut, die die Farbe von grünem Glas hatte.

Am nächsten Morgen war ein Hummer in der Reuse meines Gastgebers, den wir zusammen mit einem Wildkräutersalat zum Mittagessen genossen. Ich saß in der Sonne und machte mir ein paar Notizen. Vorbeikommende Spaziergänger blieben stehen und beäugten mein archaisches Gewand, aber keiner fragte mich, warum ich es trug. Für den Rückweg wählte ich eine kompliziertere Route. Ich gebe zu, dass ich dabei auch auf moderne Beförderungsmittel

— Die Küste von Berwickshire.

Die kräftigen Farben des Sommers: Regentropfen bringen das Geißblatt zum Leuchten, ein Schmetterling ziert Blüten.

zurückgriff. Zu Hause angekommen, stellte ich fest, dass ich vergessen hatte, Milch einzukaufen. Der darauffolgende Gang ins Dorf war schwieriger als sonst, weil ich mir wie viele einstige Reisende eine Blase gelaufen hatte. Trotzdem erfüllte es mich mit Befriedigung, die lange Wanderung erfolgreich absolviert zu haben. Der Anlass meiner Reise – das Meer sehen zu wollen – mag laut dem Standard des 18. Jahrhunderts skurril gewesen sein. Lange Fußmärsche nahm man vorrangig auf sich, um Verwandte zu besuchen. Diejenigen, die durch Hügel und Täler voneinander getrennt waren, hatten keine andere Wahl, als den Ponyfährten zu folgen. »Du hättest ein Pferd haben sollen«, höre ich heute immer wieder. Doch in jener Zeit besaßen nur wenige Menschen ein Pferd. Transport auf Rädern war noch seltener, um 1770 gab es in Peeblesshire gerade einmal sieben Fuhrwerke. Kein Wunder, dass das Gefährt der Wordsworths für Unruhe sorgte. Fußmärsche mögen damals eine Notwendigkeit gewesen sein, für mich waren sie es inzwischen auch geworden. Ich genoss es zusehends, mich in Schrittgeschwindigkeit von einem Ort zum anderen zu bewegen. Dabei hat man Zeit zum Nachdenken, es tut Körper und Seele gut. Ich glaube, wenn die Leute wieder mehr zu Fuß gehen würden, gäbe es weniger Krankheiten.

Gillians Tod bescherte mir einen kurzen Ausflug ins 21. Jahrhundert. Ich hatte Musik so schwer vermisst und nun wurde ich gebeten, mich zusammen mit Geoffrey

Baskerville, einem gemeinsamen Freund, um die musikalische Untermalung ihres Begräbnisses zu kümmern.

Ich habe während meines gesamten Jahres nur zweimal Radio gehört. Einmal, um mir Rams Erfahrung als Anästhesistenvolontär anzuhören, und ein zweites Mal, um meiner eigenen Stimme in der Radiosendung über mich (siehe Seite 87) zu lauschen. Zur Ausstrahlung dieser Sendung gibt es eine lustige Geschichte, es ist die letzte, die mir Gillian erzählte. Etwa zwei Wochen vor ihrem Tod fuhr sie ihr Ehemann in den Süden, um ihr einen Welpen zu besorgen. Auf dem Rückweg suchten sie nach einem Pub, um meine Radiosendung auf dem Parkplatz hören zu können, bevor sie etwas essen gingen. Sie kannten die Gegend nicht und als sie einen Polizeiwagen sahen, erkundigten sie sich bei den Beamten. »Ich bin froh, dass Sie nur nach dem Weg fragen«, erwiderte der freundliche Polizist. »Bin schwer beschäftigt. Höre nämlich

Geoff brachte CDs mit, die wir uns im Wohnhaus anhörten. Mein schlechtes Gewissen über meinen Tabubruch verflog rasch, als ich Didos Klage aus der Oper »Dido und Aeneas« von Purcell und die »Vier letzten Lieder« von Richard Strauss vernahm. Geoff schlug vor, mit Didos Arie zu beginnen und mit den Strauss-Liedern abzuschließen. Brillante Idee, fand ich. Ich hatte so lange keine Musik gehört und war völlig überwältigt. Danach saßen wir vor dem Cottage und aßen ein einfaches Abendessen. Am Teich leuchteten gelbe Schwertlilien und purpurner Fingerhut. Die Schwalben zwitscherten und Brachvögel riefen. Es war ein trauriger, aber entspannter Abend.

Fingerhut ⟶

Der Ruf der Brachvögel hallte durch die warme Abendluft.

⟶

gerade eine Sendung über irgendeine Irre aus Schottland, die glaubt, sie lebe im 18. Jahrhundert.« Er fügte noch hinzu, er habe einen Turmfalken beobachtet, der sich an einem überfahrenen Kaninchen gütlich tat. Ein außergewöhnlicher Polizist, doch Gillian hat stets außergewöhnliche Menschen angezogen.

Die Radiosendung bescherte mir einen weiteren außergewöhnlichen Menschen. Michael Phillips ist ein Akademiker, der gerade für eine Biografie über William Blake (1757–1827) recherchiert. Das Alltagsleben von William und dessen Frau Catherine faszinierte ihn und er dachte, ich könne einige Erkenntnisse beitragen. Das Jahrzehnt, an dem ich mich abarbeitete, war exakt jenes, das Blake in Lambeth verbracht hatte. Hier entstand sein Meisterwerk *Lieder der Unschuld und Erfahrung*.

Michael schrieb mir und wir verabredeten ein Treffen an der Busstation von Inner-leithen. Wir keuchten gemeinsam den Hügel hinauf und pausierten im Kaffee von Traquair House. Dort zu rasten war inzwischen für mich Routine geworden, wenn ich Besucher begleitete, die es nicht gewohnt waren, fünf Kilometer am Stück zu laufen. Als wir mein Cottage erreichten, war die Kohlsuppe gerade fertig. Michael bombardierte mich mit Fragen über das tägliche Leben in jener Zeit; wie man sich ernährte, mit Brennmaterial versorgte, welches Gemüse man anbaute und wie man das alles in den unbequemen Unterröcken bewerkstelligte. Ich war in meinem Element und versuchte, meine Antworten mit Rücksicht auf Londoner Verhältnisse zu formulieren, was gar nicht so einfach war, weil ich ja über Schottland geforscht hatte. Mein Tage-buch (nächste Seite) gibt die interessanteste Anfrage wieder.

125

Michael Phillips hätte gerne eine Liste der Gemüsesorten, die Catherine Blake vermutlich angebaut hat. Die Blakes besaßen hinter ihrem Haus in Lambeth ein ansehnliches Grundstück und Catherine stammte aus einer Familie von Gemüsebauern in Battersea. Es ist also sehr wahrscheinlich, dass sie ihr eigenes Gemüse kultivierte. Ich muss mir noch einmal die Liste ansehen, die mir der Chefgärtner von Clumber Park gegeben hat, auch die Sorten im Thomas-Etty-Katalog sowie das englische Verzeichnis aus dem 18. Jahrhundert, das ich besitze.

Michaels Besuch war eine Wohltat. Ich freute mich auch auf Sylvia, eine befreundete Künstlerin, die auf Zypern lebt und die jeden Sommer nach Schottland zurückkehrt. Meist wohnt sie dann bei mir. Sie hatte, glaube ich, nicht begriffen, dass mein Aufenthalt in der Vergangenheit den Verzicht aufs Auto bedeutete, doch sie passte sich schnell an. Taxis brachten sie zu den lokalen Gewässern, an denen sie ihrer Passion, dem Fliegenfischen, nachging. Manchmal kämpfte sie sich mit ihren künstlichen Kniegelenken bis zu dem Fluss hinunter, am dem sie seit 40 Jahren fischt, und brachte eine Forelle zurück, eine willkommene Bereicherung unseres Speiseplans. Große Exemplare teilten wir mit den Nachbarn, dazu gab es dann junge Kartoffeln und frische Erbsen und zum Nachtisch Erdbeeren – all die herrlichen Sachen, die ein Garten im Sommer liefert. Sie übernachtete im Wohnhaus und morgens nahmen wir auf der Bank vor dem Cottage gemeinsam das Frühstück ein. Den Sommer haben wir, sooft es ging, im Freien verbracht.

Warten, bis eine Forelle anbeißt, oder tief in Gedanken?

FORELLE IN TONERDE GEGART

Hierfür benötigen Sie Küchengarn (oder Nesselschnur, wenn Sie originalgetreu kochen wollen), einen flachen Stein sowie Tonerde oder Lehm von einem Flussufer - Tonerde, die zum Töpfern benutzt wird, ist zu fein.

- eine ganze Forelle (ausgenommen)
- Salz, Pfeffer und Kräuter, zum Beispiel Majoran oder Bärlauch
- Klettenblätter

Eine Forelle von mindestens 500 g reicht für 2 Personen. Salzen und pfeffern. Die Kräuter in die Bauchhöhle legen. Den Fisch rundherum in Klettenblätter hüllen. Die Blätter mit Küchengarn fixieren. Ein Stück Tonerde auf einem flachen Stein formen, bis es so lang und etwas breiter wie der Fisch ist. Den Fisch darauflegen. Ein weiteres Stück Tonerde formen, auf den Fisch geben und festdrücken, bis der Fisch komplett in Tonerde gehüllt ist. Den Stein mit dem Fisch für 20 Minuten neben ein offenes Feuer setzen, bis der Ton trocken ist.
Das Lehmpaket vorsichtig auf die Glut legen. Das Feuer schüren und 40 Minuten gut brennen lassen. Das Lehmpaket mit einer Grillzange oder zwei Stöcken aus dem Feuer holen und die Tonerde ablösen. Die Blätter entfernen. Mit etwas Geschick erhalten Sie eine saubere, wunderbar gegarte Forelle. Uns ist das tatsächlich gelungen!

ARBEITEN IM JULI
- Unkraut jäten und den Boden hacken.
- Gemüse ernten und kochen.
- Dicke Bohnen und Erbsen lassen sich gut einfrieren.
- Aus Beeren Konfitüre zubereiten.
- Winterharte Zwiebelsorten säen.
- Langstielige Brennesseln pflücken. Die Außenschicht der Stängel entfernen, um Schnüre herzustellen.
- Wenn es im Juli warm ist, ist dieser Monat gut zum Bierbrauen.

SPEISEKAMMER IM JULI

Aus dem Garten: neue Kartoffeln, Erbsen, Spinat
Chinakohl, grüne Bohnen, Frühlingszwiebeln,
Radieschen, Salat, Rucola, dicke Bohnen, Babykürbis,
kleine Rote Bete, Erdbeeren, Himbeeren, Stachelbeeren,
rote und schwarze Johannisbeeren, Brombeeren

Gesammelt: erste Himbeeren, Walderdbeeren

KAPITEL 10
Hübsches Geflügel und eine edle Robe

PLÖTZLICH HATTE ich zwei Gänseküken. Ich hatte davon gesprochen, mir welche zuzulegen, jetzt hatten mich Freunde mit diesem Geschenk überrascht. Wir ließen sie im Obstgarten aus ihrer Kiste, dort stand ein altes Entenhaus, das vielleicht für sie geeignet war. Dachte ich jedenfalls, aber die Küken waren anderer Ansicht. Sie schlüpften mühlelos durch den Zaun und watschelten schnatternd hinter uns her. Wir brachten sie vergeblich wieder zurück: Gänseküken sind nicht gern allein.

Sylvia und ich stellten Gartenstühle in den Obstgarten, damit wir die jungen Gänse dabei beobachten konnten, wie sie grasten und sich an ihre Umgebung gewöhnten. Ich wollte sie Archie und Annabel nennen, obwohl es wirklich nicht leicht ist, das Geschlecht eines Gänsekükens zu bestimmen. Wir beschlossen, dass das Größere, das sich ständig mit einem Plumps niederließ, um zu fressen, ein Männchen war und dass das Kleinere, das flaumiger und aktiver war, ein Weibchen sein musste.

Gänse wurden im 18. Jahrhundert oft gehalten: Sie ergaben bei besonderen Anlässen einen leckeren Braten. Auch ich betrachtete die beiden Vögel in dieser Hinsicht, obwohl ich Stillschweigen darüber bewahrte, wenn Kinder anwesend waren. Ich hatte noch nie eine selbst gezogene Gans zubereitet, hoffte aber, dies an Weihnachten tun zu können. Der bislang größte Vogel, der auf meinen Tisch kam, war eine Moschusente. John Galt berichtet in seinen *Annalen der Gemeinde*, dass ein Matrose, der zur Ostsee gefahren war, der Pfarrersfrau eine Moschusente mitbrachte. Zunächst wurde sie argwöhnisch beäugt, doch dann war man sich einig, es handle sich um »eine Gänserasse mit kurzen, gekrümmten Beinen ...«, und »gab sie zu restlichen Geflügelschar«. Galt schildert, was dieser Kreatur einmal widerfuhr: »In unserem Stall stand ein Sack Bohnen, die Hühner von Lady Macadam wurden von ihr nicht gerade überfüttert, sie waren also wild darauf und begannen, an dem Sack zu picken. Die Moschusente sah

das Loch im Sack und stopfte sich den Kropf voll. Die Bohnen schwollen im Magen des armen Vogels an und sein Kropf wölbte sich wie der Bauch eines Glasgower Friedensrichters. Es war wirklich ein Anblick, wie das Tier seinen Kopf nach hinten legte.« Nach viel Gezeter schnitt die Lehrerin »den Kropf mit einem Kaiserschnitt auf und nahm so viele Bohnen heraus, wie in ein Weihwas-

serbecken gehen [etwa 500 g]«. Dann »ging die Moschusente ins Wasser, begann zu schwimmen und war so fidel wie eh und je.« »Fidel« ist eine treffende Beschreibung für meine Gänseküken. Sie unternahmen bald längere Ausflüge, die sie sowohl von uns als auch vom Obstgarten wegführten und nahmen den jungen Kohl und den Salat in Augenschein. Meine Hühner dürfen nie in den Gemüsegarten und ich hatte auch nicht vor, Gänse dort zu dulden. Ich überlegte kurz, ob ich sie in den alten Laufstall stecken sollte, den ich für meine Kinder benutzt hatte, beschloss aber dann, sie in den Hühnerhof zu geben. Dort wurden sie, wie einst die Moschusente, in die Gemein-schaft aufgenommen. Das ein-zige Problem war, dass sie auf dem Pfad zum Holzschuppen überall gräßlichen, grünen Kot hinterließen, den ich wiederum in das Cottage trug. Ich musste den Boden häufiger als sonst schrubben und die Zeit, die mich das kostete, ging von mei-ner Zeit für das Schreiben und für die Gartenarbeit ab.

Eins meiner Gänseküken, die mir Freunde geschenkt hatten. Ich machte aber nicht den Fehler, ihnen gegenüber sentimental zu werden.

Diese Frau geht mit ihrem Geflügel alles andere als zimperlich um.

Im August gibt es im Garten immer sehr viel zu tun. Plötzlich sind Früchte und Gemüse gleichzeitig erntereif, man kommt kaum nach, alles abzuernten und zu versorgen, bevor es verdirbt. Erbsen, dicke Bohnen, Kohl, Steckrüben, Rote Bete, Spinat, Blumenkohl, all diese Gemüsesorten müssen irgendwie verwertet werden. Normalerweise friere ich sie ein, das ging jetzt natürlich nicht. Ich hatte auch im Vorjahr nichts eingefroren, weil ich mich in meinem Cottagejahr nur von Obst und Gemüse der Saison ernähren wollte. Ich würde das Gemüse einlegen.

Als ich in meinen alten Kochbüchern herumblätterte, entdeckte ich, dass es nur sehr wenige schottische Rezepte für das Einlegen von Gemüse gibt, doch sehr viele englische. 1769 erschien in Berwick an der englischen Ostküste *Die Kunst des Kochens* von Elizabeth Taylor. Die Autorin beschreibt darin, wie man »Zwiebeln, Kidneybohnen, Rotkohl, Rote Bete, Walnüsse und Pilze einlegt«. Wir wissen aber, dass sie der berühmten Hannah Glasse nacheiferte, deren Kochbuch etwa 20 Jahre zuvor erschienen war. Hannah schrieb für den niederen Adel und Elizabeth für die reichen Kaufmannsfamilien im wohlhabenden Berwick. Trotz der geografischen Nähe von Berwick zu den schottischen Lowlands hatten die Menschen an den jeweiligen Orten einen

JOHANNISBEERMUS

Reife Sommerbeeren sind etwas Wunderbares, wenn man sich aus dem eigenen Garten ernährt. Dieses Rezept für Mus aus schwarzen Johannisbeeren ist wahrscheinlich nicht schottisch, es stammt auch nicht aus dem 18. Jahrhundert. Doch die Tapiokastärke macht die Johannisbeeren herrlich sämig. Das Mus hat eine ähnliche Konsistenz wie Konfitüre, ist aber nicht so süß.

Für 6 Personen:
2 EL Tapioka
250 ml kochendes Wasser
250 g schwarze Johannisbeeren
3 EL Zucker

Tapioka unter das kochende Wasser rühren, dabei darauf achten, dass die Kügelchen nicht zusammenkleben. Johannisbeeren und 125 Milliliter kaltes Wasser zufügen. Erhitzen und etwa 30 Minuten köcheln lassen. Zwischendrin umrühren. Sobald das Tapioka durchsichtig ist (nicht vorher!) den Zucker einrühren und das Ganze nochmals kurz simmern lassen. Leicht abgekühlt servieren.

Speisekammer im August

Aus dem Garten: neue Kartoffeln, Erbsen, Spinat, kleine Steckrüben, Kohl, Karotten, Zwiebeln, Frühlingszwiebeln, Radieschen, Salat, Rucola, dicke Bohnen, Kürbis, Rote Bete, Himbeeren, Stachelbeeren, Brombeeren, schwarze Johannisbeeren

Gesammelt: Himbeeren, Wildkirschen, Brombeeren, Steinpilze

Von oben: Radieschen, Stachel- und gemischte Beeren.

extrem unterschiedlichen Lebensstandard. Die Familien in Berwick waren in der Lage, einen Überschuss an Gemüse zu kultivieren, das konnten sich die Leute in Schottland fast nie leisten. Zudem verfügten sie kaum über Behälter zum Einlegen. Tiegel waren im ärmlichen Schottland des ausgehenden 18. Jahrhunderts noch immer eine Seltenheit. Man schickte die Kinder zum Sammeln von wild wachsendem Obst, um die wenigen Gefäße auf diese Art füllen zu können. Der Kochbuchklassiker *Die schottische Küche* von Marian McNeill lässt darauf schließen, dass man Wildfrüchte traditionell verkochte. Man findet jedoch kein eingelegtes Gemüse, in ihren alten Familienrezepten wird aus Vogelbeeren, Schlehdorn und Äpfeln Gelee gemacht, Wildkirschen, Rhabarber und Ingwer wurden zu Konfitüre verarbeitet. Ich wollte wissen, wie weit diese Tradition zurückgeht. Hier kann der Bericht von John Galt aus dem Jahr 1787 Aufschluss geben:

»Durch die Errichtung neuer Straßen und dem darauf einsetzenden Verkehr von Fuhrmännern und Karren, und durch unsere jungen Männer, die am Clyde als Matrosen anheuerten und nach Jamaika und Westindien segelten, gelangten haufenweise Zucker und Kaffeebohnen in unser Land, und weil viele Stachelbeeren und Beerensträucher zwischen ihren Kohl pflanzten, kam es in Mode, Marmeladen und Gelees zu machen, die bis dahin nur in den Küchen und Zuckerbäckereien des Landadels bekannt gewesen waren, sie hielten nun Einzug in die schottischen Weiler.«

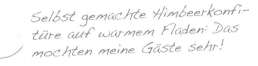

Vielleicht hat sich meine Ahnin Anne an dieser neuen Mode beteiligt. Sie lebte in der Nähe von Stranraer, dort könnten Schiffe mit Zucker angelegt haben. Wenn das der Fall ist, dann hoffe ich, dass sie mit Stachelbeeren mehr Glück hatte als ich; meine fielen meistens einem Schimmelpilz zum Opfer. Die schwarzen Johannisbeeren waren hingegen gediehen, ich konnte also ein wenig Konfitüre machen. Ein Wochenendbesucher musste mit Hornbechern in den Hügeln über Traquair Heidelbeeren sammeln, weil ich ein Rezept von Marian McNeill ausprobieren wollte. Ich habe aber nicht pfundweise Konfitüre zubereitet, weil ich nicht allzu viel davon essen wollte. Die Umstellung auf die Ernährungsweise des 18. Jahrhunderts beinhaltete auch, dass ich weniger Zucker aß. Dieser Beschränkung kam ich nur allzu gerne nach. Außerdem gab es die Fuhrmänner, die Galt erwähnt, in dieser Gegend nicht. Der Zucker musste mühsam über die Hügel transportiert und daher sparsam eingesetzt werden. Das Gleiche galt für Salz. Als ich das Rehfleisch vor dem Räuchern pökelte, hatte ich einen ganzen Beutel Salz verbraucht. Deshalb blieb mir nur noch wenig zum Einlegen der Stangenbohnen, ich konnte nur eine kleine Menge verarbeiten. Ich versuchte, dem Ganzen eine positive Seite abzugewinnen, indem ich mir sagte, die Leute hätten früher ohnehin zu viel Salz gegessen. Sie salzten Fleisch, Fisch und Porridge, und das Ergebnis dieses starken Salzkonsums war, dass viele Menschen durch Schlaganfall starben. Das wollte ich auf jeden Fall vermeiden.

Ich wollte so viele Lebensmittel wie möglich durch Trocknen haltbar machen. In feuchten Sommern wachsen hier viele Pilze. In einem Backofen lassen sie sich natürlich problemlos trocknen, doch jetzt musste ich sie auf Schnüren über dem Herd im Cottage aufhängen. Wenn man Erbsen und Bohnen auf einer Metallplatte ausbreitet, verdörren sie hinter dem Herd ganz gut. Ich konnte immer nur einige Handvoll auf einmal trocknen, gewöhnte mir aber an, mehr Erbsen und Bohnen zu enthülsen als ich zum Kochen brauchte und den Rest zu trocknen. Auf diese Weise konnte ich mir einen hübschen Vorrat anlegen. Erbsen, die im Ganzen getrocknet wurden, ergeben im Winter eine gute Mahlzeit, wenn man sie vor dem Kochen ausgiebig einweicht, schmecken sie sogar besser als Splittererbsen.

Im Moment war ich vorerst damit beschäftigt, Sommermahlzeiten auf den Tisch zu bringen. Anfang August hatte ich 14 Gäste im Wohnhaus und laut meinem Tagebuch habe ich den ganzen Monat über immer wieder viele Leute bekochen müssen. Überschüssiges Gemüse verfütterte ich an die Gänseküken, die bald ihren gelben Flaum verloren und schöne weiße Federn bekamen. In ein paar Wochen würden sie groß genug sein, um sie im Obstgarten halten zu können. Bis dahin konnte ich alle weichen Früchte ernten, bevor sie im Kropf der Gänse landen würden. Ihnen blieben immer noch die Äpfel sowie reichlich Gras. Ich hatte den Tieren neue Namen gegeben; das Weibchen hieß nun Plum und das Männchen Pudding. Die Namen bezogen sich nicht auf ihre Charaktere, sondern auf ihr endgültiges Schicksal. Ich war mir sicher, dass es die Wirtschaftlichkeit eines Cottage seinerzeit nicht zuließ, Tieren gegenüber sentimentale Gefühle zu entwickeln.

Ich erhielt eine weitere Lieferung Wildfleisch, das gab mir die Gelegenheit, ein Fest zu veranstalten. Ich lud Freunde ein, die in der Nähe wohnten. Ich wollte das Fleisch gerne in einer Erdgrube garen. Diese primitive Methode hatten wir schon im Jahr zuvor ausprobiert, indem wir ein tiefes Loch mit Granitsteinen auslegten und zwei Feuer entfachten: eines in der Grube und ein weiteres auf einer Steinschicht darüber. Nach einer Stunde war eine schöne Glut entstanden, jetzt mussten wir nur noch rasch die Asche mit Ästen beseitigen. Dann ließen wir das Fleisch auf einem Brett in die Grube hinunter, was gar nicht so einfach war, ohne sich an den heißen Steinen zu verbrennen. Meine Röcke waren mir sehr im Weg, ich raffte sie unelegant und meine kräftigen Beine in Stiefeln kamen zum Vorschein. Die Frauen haben ihre Röcke beim Arbeiten früher oft geschürzt, das sieht man auf vielen Bildern aus jener Zeit, allerdings waren sie meist barfuß.

Eines meiner vielen Gläser mit Trockenerbsen.

Erbsenpudding war für Mäuse unwiderstehlich!

ERBSENSUPPE

»Man nehme Erbsen und siede sie rasch; decke sie ab, bis sie platzen und streiche sie dann durch ein Tuch. Zwiebeln und Minze in den gleichen Topf geben, desgleichen Öl, Zucker, Salz und Safran. Danach gut sieden lassen und servieren.«

Sie können auch frische Erbsen nehmen, die nur ein paar Minuten gegart werden müssen. Zusätzlich können Sie gewürfelte, gedünstete Karotten oder anderes Gemüse zufügen. Die Suppe ist sehr dick.

250 g Trockenerbsen, über Nacht eingeweicht
350 g Zwiebeln, gehackt
½ EL Öl
etwas Safran (teure Variante), Thymian oder Rosmarin
½ TL brauner Zucker
1 TL Meersalz
schwarzer Pfeffer

Die Erbsen 2 bis 3 Stunden in Wasser (ohne Salz) köcheln lassen, bis sie weich sind. Die Zwiebeln im Öl glasig anschwitzen. Erbsen mitsamt Kochflüssigkeit zufügen. Safran, Thymian oder Rosmarin zugeben. Mit Zucker, Salz und Pfeffer abschmecken. Für 3 bis 4 Personen.

Damit das Fleisch nicht verbrannte und saftig blieb, hatten wir es in Brotteig gehüllt. Als es auf die Steine am Boden der Grube plumpste, roch es nach frischem Toast. Der Duft verstärkte sich, als wir die heißen Steine von der oberen Schicht direkt auf das Fleisch im Teig legten. Wir mussten für diesen schwierigen Vorgang Holzzangen benutzen, eine Schaufel wirbelte zu viel Asche auf. Zum Schluss deckten wir die Grube mit frischem Laub ab und schaufelten die anfangs ausgehobene Erde darüber. Danach hieß es vier bis fünf Stunden warten.

Es macht Spaß, Brotteig im Freien zu kneten. Ich besaß einen hölzernen Trog dafür, den ich zwar in Schottland gekauft hatte, der aber sicher nicht von hier stammte. Tröge zum Brotteigkneten findet man in nahezu allen Heimatmuseen Europas, nur in Schottland nicht, dem »Land der Kuchen«. Ein weiterer Beweis dafür, dass Brotbacken in diesen Breiten nicht üblich war.

Anfang August begannen die Äpfel zu reifen. Essen konnte man sie leider noch nicht.

Bin vor sieben Uhr aufgestanden, glaube ich zumindest, weil es fast eine Stunde dauerte, bis Sylvia auftauchte. Ich habe mich so daran gewöhnt, ohne Uhr zu leben, dass ich gar nicht mehr über die genaue Tageszeit nachdenke. War mit Ghillie unterwegs, frühstückte Porridge mit Johannisbeeren und ging dann in den Gemüsegarten; gießen und Unkraut jäten. Kohl, lila Blumenkohl, Zuckerschoten, dicke Bohnen, Rote Bete und Spinat sind schon erntereif. Zum Glück kommen viele Gäste.

Bei dieser Garmethode wird das Fleisch eigentlich immer delikat, selbst wenn die Hülle aus Brotteig ekelhaft aussah, ein Anwesender beschrieb sie als »verschmorten Helm«. Doch das Fleisch war unglaublich saftig und lecker. Ich habe diese Zubereitungsart mehrfach getestet und bin dabei nur zweimal auf Schwierigkeiten gestoßen. Einmal geriet mir der Teig etwas zu dünn und das Fleisch verlor an wertvollem Saft. Ein andermal habe ich beim Garen einer Wildschweinkeule zu wenige heiße Steine auf das Fleisch gelegt. Die Keule war unten perfekt gegart, aber das obere Stück mussten wir abschneiden und grillen, bevor wir es essen konnten. Doch der Rehbraten gelang wunderbar. Wir bugsierten das heiße Paket gemeinsam auf ein Holzbrett und mit mehr Glück als Geschick konnte ich die Teighülle entfernen ohne dass dabei zu viel Ruß und Asche an das Fleisch geriet. Unter meinen Gästen befand sich ein Vegetarier und selbst ihn konnten wir dazu bewegen, von diesem derart exotisch zubereiteten Wildfleisch zu kosten.

Wenn ich für meine Gäste nicht am Herd stand, nähte ich. Das ist eine schöne, produktive Tätigkeit, während man sich mit jemandem unterhält. Ich arbeitete schon das ganze Jahr an meiner Robe. In Peebles würde bald ein Konzert mit Musik aus dem 18. Jahrhundert stattfinden, organisiert von der angesehenen Georgian Concert Society, dort wollte ich unbedingt in stilechtem Gewand hingehen. Ich hatte das Kleidermodell von einem Stich von John Kay aus dem Jahr 1795 abgeguckt. Es bestand aus Baumwolle (ich wollte eigentlich mit Zweigmustern verziertes Musselin haben, bekam aber nur Lochstickerei). Das Kleid war schneeweiß und mit hübschen Stickereien versehen. Als ich es nach mühseligem Zuschneiden und Zusammennähen endlich anprobierte, stellte sich heraus, dass es zu sehr wie ein Brautkleid aussah. Ich würde es färben müssen. Ich musste den *Flora Celtica* zu Rate ziehen, das moderne Nachschlagewerk über das schottische Pflanzenwesen, um zu erfahren, wie man Naturfarbe herstellt. Nahezu jede Pflanzenfaser liefert Farbe. Früher nahm man zum Beispiel Moose, Flechten, Erika und viele andere. Für die Farbgewinnung braucht

Arbeiten im August

- Gemüse und Obst ernten, einfrieren, zu Konfitüre verkochen, einlegen oder den Überschuss einfach verschenken.
- Zwiebeln ausgraben, sobald das Grün verwelkt. Auf Gestellen trocknen oder in der Sonne ausbreiten. Erst dann zum Lagern bündeln oder flechten, wenn die Stängel braun und verschrumpelt sind.
- Kartoffeln bei warmem, feuchtem Wetter nach Mehltau untersuchen. Befallene Pflanzen ausgraben und die Knollen sofort aufbrauchen.
- Wintersalat säen und die Samen abdecken.
- Steinpilze und Pfifferlinge sammeln. Als Wintervorrat trocknen.
- Langes Riedgras sammeln für Binsenlicht und Lampendochte. Die Rinde sofort entfernen (siehe Seite 157).

Nähen machte mir Freude und hielt mich auch dann produktiv, wenn ich Gäste hatte.

Naturfarbe lässt sich aus Moosen und Flechten herstellen.

man Beize oder mineralische Stoffe wie Eisen. Man könnte also einen verrosteten Topf nehmen, wie ich es bei der Herstellung von Tinte (siehe Seite 110) getan habe. Eine Freundin riet mir jedoch davon ab, das Eisen würde dunkle Schattierungen verursachen. Ich wünschte mir eine dezente Farbe, also empfahl sie mir Flechten. Hiermit kehren wir abermals zum Ursprünglichen zurück, denn die Flechten müssen einige Wochen in abgestandenem Urin gären, bevor sie ausgekocht werden.

Das Färben wurde stets im Freien vorgenommen. In der Nähe eines Haufen Unrats, der auf ein Freudenfeuer wartete, entzündet ich ein kleines Feuer. Der Topf mit dem Urin und den Flechten kam auf einen Rost und wurde langsam heiß. Die Flüssigkeit war dunkelbraun und stank. Sie musste stark kochen. Ich schürte also das Feuer und ging mein wertvolles Kleid holen. Als ich zurückkam, fand ich eine entsetzte Nachbarin vor. Die Flammen hatten auf den Unrat übergegriffen, dicker Qualm von nassen Blättern und Gräsern stieg auf. Meine Nachbarin ist eine berufstätige Mutter, die mit Müh und Not zum Waschen kommt. Jetzt hing ihre gesamte Wäsche an der Leine. Sie war verärgert. Ich war kleinlaut. Ich hätte besser auf das Feuer achten sollen.

*Aus Lavendel,
vermischt mit etwa
Minze und Zitrone,
stellt man Rosa he
Traditionelle Färbe-
pflanzen sind u. a.
auch Ginster und
Fingerhut.*

Nach dieser kleinen Unterbrechung nahm ich den Topf vom Feuer und hielt einen Zipfel des Kleides in die Brühe. Er nahm die Farbe von Milchkaffee an. Nicht schlecht. Ich holte tief Luft, versenkte das ganze Kleid darin, zog es mit einem Holzlöffel durch die Flüssigkeit und hob es wieder heraus. Das Färben hatte funktioniert, doch das Kleid stank furchtbar. Ich hängte es über einen Ast und ging den Waschtrog füllen. Ich musste viele Eimer schleppen und das Gewand unzählige Male mit klarem Wasser spülen, bis es nicht mehr roch. Aber die Farbe war hübsch – ein blasses Kaffeebraun.

Zwei Dinge galt es noch zu erledigen, bevor ich mich zum Konzert begeben konnte. Ich musste einen Taillenbund an das Kleid nähen, ein goldgelbes Band, das original aus dem 18. Jahrhundert stammte. Meine Freundin Lucy, eine junge Designerin, hatte es in einem Antiquitätenladen in Edinburgh entdeckt und mir geschenkt. Das gesamte Kleid war auf dieses Schmuckstück ausgerichtet. Dann musste ich mich nach einem geeigneten Transportmittel umsehen. Ich wollte gerne in einer Kutsche oder zumindest in einem Pferdewagen vorfahren. Solche Vehikel gibt es in meiner Gegend, aber zu meiner Enttäuschung waren sie bereits gebucht. Eine Hochzeit an einem Samstag im August ist natürlich wichtiger als die kulturellen Ambitionen einer Schulmeistergattin des 18. Jahrhunderts. Ich musste in meinem Alltagsmieder sowie -unterröcken per Autostop ins Dorf fahren, mich bei Freunden umziehen und dann schändlicherweise den Bus in die Stadt nehmen.

HAFERCREME (CRANACHAN)

Dieses traditionelle schottische Dessert habe ich nur gemacht, als mir jemand während der Himbeersaison Sahne mitbrachte.

100 g zarte Haferflocken
250 g Sahne
etwas Zucker
1 EL Whisky
500 g Himbeeren

Die Haferflocken in einer schweren Pfanne anrösten. Sahne zusammen mit Zucker und Whisky halbsteif schlagen. Auf Schalen verteilen. Jeweils zuerst Himbeeren, dann Haferflocken darübergeben. Für 4 bis 6 Personen.

Diese Stillosigkeit wurde durch die Festveranstaltung wieder wettgemacht. Das Konzert fand im Secret Room der Chambers Institution statt, dessen Wände mit Reproduktionen des Alexandersarkophargs und des Parthenon-Frieses geschmückt sind. Ich kannte den Raum zwar, hatte ihn aber niemals in Ruhe betrachtet. Die klassischen Skulpturen ergaben eine atemberaubende Kulisse für die barocke Kammermusik, auf die ich mich so gefreut hatte. Ich genoss jeden einzelnen Ton der Streichinstrumente, es war wirklich großartig. Danach plauderte ich beim Tee mit Leuten. Ich nahm den Bus zurück. Ob Anne Houston wohl derartige Vergnügen vergönnt waren? Wenn sie in einer Stadt gelebt hätte, wäre das wahrscheinlich gewesen, doch ich bezweifle es, da sich ihr Heim an einem abgelegen Ort befand.

Diese junge Frau tanzt auf einer Hochzeit. Die kurze Jacke über ihrem Musselinkleid diente mir als Modell für meine.

Mein Ausblick ins Tal hinter dem Cottage ⤴

Naturbeobachtungen

2. August. Himbeeren, Walderdbeeren und Wildkirschen im
Überfluss. Die Kirschen sind winzig, aber köstlich.

18. August. Die Straßenränder sind übersät mit Sommerwurz und
Rainkohlmilchen, ein bunter Teppich aus rosa und gelben Blüten.

19. August. Auf dem Kirchdach versammeln sich Mauersegler.
Vielleicht nehmen sie ein Sonnenbad, bevor sie gen Süden ziehen.

Wildblumen und -kräuter ↓

KAPITEL II
Milchwirtschaft

DER SEPTEMBER brachte die letzten heißen Tage. Ich war möglichst viel im Freien, ich wusste, dass es bald kühler werden würde. Doch der Sommer hatte auch seine Nachteile. In der langen, warmen Periode waren viele Insekten geschlüpft, mein Cottage wurde von Fliegenschwärmen geradezu belagert. Ich hängte Polei-Minze und andere Pflanzen aus der Minzfamilie auf, um sie abzuwehren. Meinen Fladenteig schlug ich sorgfältig in ein Tuch, Butter sowie Käse wurden eingehüllt und kamen in einen irdenen Topf mit Holzdeckel. Doch irgendwas glaubte ich immer summen zu hören, wenn ich den Deckel anhob.

Die Fliegen waren nicht die einzigen Eindringlinge: Kater Loki hatte beschlossen, der beste Platz in der Welt, um schläfrige Tage zu verbringen, sei das Cottage. In einem Wohnzimmer toleriere ich Katzen. Aber im Cottage bildeten Wohn- und Schlafzimmer einen einzigen Raum, und genau das fand Loki paradiesisch. Der Kater hatte nie ins Bett gedurft, plötzlich konnte er sich unbemerkt ins Kastenbett schleichen. Ich verjagte ihn, sobald ich ihn dort sah. Ich packte ihn auch am Genick und sprach strenge Worte. Als das alles nichts half, setzte ich ihn vor die Tür. Wenn Katzen spüren, dass sie unerwünscht sind, werden sie besonders aufdringlich. Sobald ich morgens die Türe öffnete, flitzte ein grauer Schatten an mir vorbei. Meist war ich schneller als er, doch im Sommer kann man die Tür nicht immer geschlossen halten. Ich fand ihn oft zusammengerollt auf meinem Kissen.

Irgendwann gelang es mir, den Kater für einige Zeit aus dem Cottage zu verbannen. Er hatte mir jedoch mindestens einen hungrigen Katzenfloh hinterlassen, der mich in den Hals biss. Ich wechselte die Laken und hängte die Decke draußen auf. In der nächsten Nacht wurde ich von Flöhen in die Fussgelenke gebissen. Daraufhin klopfte

Mein Kater
Loki.

Ich bin bei
Insekten nicht
zimperlich, hatte
aber keine Lust,
mein Leben mit
Fliegen zu teilen.
Kräuter würden
hier Abhilfe
schaffen.

Fliegenschutz-
mittel: Mutter-
kraut (rechts)
und Holunder. Die
Beeren ergeben
einen guten Wein.
→

ich den Flickenteppich aus, auf dem abwechselnd der Hund und der Kater schliefen. Während ich damit beschäftigt war, muss Loki zurück ins Cottage geschlüpft sein, jedenfalls lag er wieder breit auf meinem Bett. Unser Duell trat in eine neue Phase.

Ich schlug im *Flora Celtica* nach, um mein Fliegenproblem in den Griff zu bekommen. Die Highlander setzten gegen alle möglichen Insekten Moormyrte ein, doch die wächst hier nicht, auch nicht Fliegenwurz. Aber in meinem Garten standen Holunder und Mutterkraut. Diese Pflanzen wurden häufig als Abwehrmittel gegen Insekten verwendet. Im Gegensatz zu Holunder, der ziemlich stinkt, riecht Mutterkraut angenehm aromatisch. Ich verteilte es überall auf dem Boden und zerrieb ein paar trockene Blätter auf dem Flickenteppich. Ich verbarrikadierte das Bett, als Loki hereinkam. Die Strategie funktionierte. Da sich der Kater im restlichen Raum frei bewegen konnte, blieben seine Parasiten schließlich nur noch bei ihm und ließen mich in Ruhe.

Ich hatte mir fest vorgenommen, im September Käse zu machen. Zu Beginn des Jahres hatte ich mir noch eine Ziege zulegen wollen. Ich hatte sogar ein Tier organisiert, das man mir leihweise überlassen würde, und stand in Verhandlungen über die Weiden, die wir früher für unsere Schafe genutzt haben. Dann hatte ich es mir jedoch anders überlegt. Ziegen oder Schafe wurden damals von einer Gemeinschaft gehalten. Wenn jemand krank wurde oder sein Heim für einen Tag verlassen musste, gab es immer eine andere Person, die das Melken übernahm. Ich war auf mich allein gestellt. Unter meinen Nachbarn gab es niemanden, der, bei aller Fairness, dafür infrage gekommen wäre. Es ist keine Kleinigkeit, das Tier eines anderen zweimal täglich zu melken, dazu muss man Erfahrung mit Nutztieren haben. Außerdem fiel mir keine Gegenleistung dafür ein. Ich würde hin und wieder mein Enkelkind in Edinburgh sehen wollen, meine Schwiegermutter lag im Krankenhaus – ich fühlte mich nicht dazu in der Lage, angemessen für eine Ziege zu sorgen.

*Auf meinen selbst gemach-
ten Käse war ich sehr stolz!
Aus der restlichen Rohmilc[h]
stellte ich Joghurt her.*

Stattdessen versuchte ich, direkt beim Erzeuger unpasteurisierte Milch zu bekommen. Die Besitzer der einzigen Milchfarm am Ort hätten mir gerne geholfen, hatten jedoch Angst, die strenge Gesetzgebung, die den Handel mit Milch regelt, zu unterwandern. Die Zeiten, in denen man mit einer Kanne zu einem Gehöft geht, um mit kuhwarmer Milch zurückzukommen, sind für immer vorbei. Das habe ich zum letzten Mal vor 20 Jahren gemacht. Der nächstgelegene Hof winkte ebenfalls ab, mit der Begründung, ich könne womöglich mich oder meine Gäste mit meinem Käse vergiften. Nachdem ich monatelang herumgefragt hatte, bekam ich endlich sechs Liter biologisch hergestellte Milch, und zwar nur, weil eine Freundin von mir eine Bäuerin dazu überredet hatte. Die Übergabe fand im Geheimen statt, nicht einmal der Bauer wusste etwas von dieser illegalen Transaktion. Wer hätte gedacht, dass unverfälschte Milch jemals ein Produkt werden würde, das durch die Lande geschmuggelt werden musste?

Aus einem Teil der Rohmilch machte ich Joghurt; das mache ich schon seit Jahren. In Schottland oder England scheint die Joghurtherstellung nicht verbeitet gewesen zu sein, obwohl dieses Verfahren sehr alt ist. Ich musste mich jetzt überwinden, es auf traditionelle Weise zu tun, nämlich die Milch sauer werden zu lassen, damit

Molke und Bruch entstehen. Ich mag milchige Dinge normalerweise nicht, Dickmilch zum Beispiel löst bei mir Ekel aus. Ich hatte mir auch vorgestellt, Molke sowie Bruch seien sauer und scheußlich. Doch mit etwas Zucker und reifen Pflaumen schmeckten sie sogar sehr gut. Vielleicht hängt es davon ab, wie lange sie den Säuerungsprozess durchlaufen haben. Freunde von mir erinnern sich mit Schaudern an die Molke in ihrer Kindheit, doch das liegt möglicherweise auch an den damaligen hygienischen Verhältnissen, es war viel schwieriger, alle Arbeitsgeräte für die Milchwirtschaft keimfrei zu halten.

Mit der restlichen Milch wollte ich einen Hartkäse machen, den man in Schottland »Kebbock« nennt, was übersetzt etwa »ein ganzer Laib Käse« bedeutet. Ich hatte zwar darüber gelesen, aber noch nie einen hergestellt. Bei der Lektüre hatte mich die Beschreibung, wie sich der Bruch formt, besonders fasziniert. Ich erhitzte also die Milch auf Körpertemperatur, fügte Lab hinzu und sah zu, wie der ganze Topf Milch innerhalb weniger Minuten fest wurde. Die genauen Einzelheiten habe ich in meinem Tagebuch notiert:

Habe endlich richtigen Käse gemacht. Ich habe den großen, eisernen Topf vorher ausgebrannt, damit die Milch nicht verunreinigt wurde. Es war schwierig, die Milch auf die richtige Temperatur zu bringen, ich musste zur gleichen Zeit umrühren und kleine Holzstücke auf das Feuer legen. Bedeutet Körpertemperatur, dass man es nicht spürt, wenn man seinen Finger hineinhält? Oder soll es sich einfach warm anfühlen? Ich entschied mich für Letzteres, schließlich würde sich die Milch etwas abkühlen, wenn ich das Lab einrührte. Die Labessenz hatte ich gekauft, sie wird aus kleingeschnittenem Kälbermagen hergestellt...

Ich bekam Gänsehaut, als die gesamte Flüssigkeit plötzlich geronn. Sie sah nicht anders aus als vorher, aber als ich sie berührte, gab sie nach wie Gummi.

Genau so, wie ich es gelesen hatte. Erstaunlich.

In meinem Topf schwamm nun eine feste, gallertartige Masse (Den Topf hatte ich zuvor eingeölt und stundenlang auf ein mäßiges Feuer gestellt, damit das Öl hart wurde und eine wasserabweisende Schicht bildete.). Den Bruch schnitt ich in Stücke und ließ ihn in einem Sieb abtropfen, das ich mit feinem Musselin ausgelegt hatte. Die ablaufende Molke fing ich in dem Fass auf, in dem ich sonst abwasche. Alle benutzten Arbeitsgeräte waren vorher sorgfältig heiß überbrüht worden, damit sich keine unerwünschten Bakterien bildeten. Ich rieb etwas Cheddar zum Bruch, um dem Reifeprozess die richtigte Richtung zu verleihen.

Als Nächstes ging ich in die Werkstatt und nahm eine Eisensäge, um den Deckel einer alten, großen Konservenbüchse abzulösen, die mir als Käsepresse dienen sollte. Den Boden der Büchse durchlöcherte ich. Ich hatte nicht genug Zeit, um eine authentische Presse aus Holz zu fertigen. Der Käsebruch wurde gesalzen, in Nesselblätter sowie ein Seihtuch gehüllt und dann in die Büchse gelegt. Ich beschwerte ihn mit Gewichten von der Küchenwaage.

Aber was sollte ich mit der Molke anfangen? Ich hatte ein Rezept gesehen, das sie für Haferkuchen verwendete, also machte ich mich ans Werk. Dabei muss das Feuer ständig in Gang gehalten werden. Haferkuchen werden traditionsgemäß zuerst auf einer Seite auf dem Blech gebacken, die andere Seite wird dann über offenem Feuer geröstet. In manchen Heimatmuseen und Antiquitätenläden sieht man die Röstgestelle dafür. Ich habe nie verstanden, warum die Frauen nicht nur das Blech verwendet haben. Doch als ich jetzt viele Haferkuchen buk, wurde es mir klar: Es geht schneller. Wenn man einen Haferkuchen umdreht, fallen Haferflocken herunter, die verhindern, dass der Kuchen flach auf dem Blech zu liegen kommt und gleichmäßig durchgart. Da ist es besser und effektiver, ihn kopfüber direkt über das Feuer zu stellen. Was in meinem Fall gar nicht so einfach war, weil ich kein offenes Feuer hatte, sondern nur den Feuerraum in meinem Herd. Ich verteilte die Fladen auf der gesamten, heißen Herdoberfläche und schob sie hin und her. Schließlich hatte ich ein paar Dutzend fertig geröstete Haferkuchen. Ich knabberte an

Selbst gemachter Käse mit frisch zubereiteten Haferkuchen: einfach köstlich!

Speisekammer im September

Aus dem Garten: Kartoffeln, Erbsen, Bohnen, Spinat, Steckrüben, Kohl, Karotten, Zwiebeln, Radieschen, Frühlingszwiebeln, Salat, Rucola, dicke Bohnen, Kürbis, Rote Bete, Brombeeren, Birnen, Äpfel

Gesammelt: Heidelbeeren, Brombeeren, Pfifferlinge

Auf den Bildern im Uhrzeigersinn: Salat, Erbsen, Kohl, Holunderbeeren.

einem und stellte fest, dass er köstlich war. Das Unvorstellbare war eingetreten: Es war mir gelungen, Haferkuchen zu machen, die genau so gut, wenn nicht sogar besser waren als diejenigen, die man kaufen kann. Es hatte mich immer gewurmt, dass ich bei dieser Leckerei der Überlegenheit der kommerziellen Hersteller nachgeben musste. Nun gab es eine echte Alternative, vorausgesetzt, ich hatte Molke.

Die Lagerung war allerdings ein kleines Problem. Um 1790 gab es noch keine Keksdosen. Ich blätterte erneut in meinen alten Büchern und fand eine Lösung. Man musste die Haferkuchen vollständig abkühlen lassen und dann in Haferflocken »vergraben«. Mein Haferflockenvorrat befand sich in einem großen, irdenen Gefäß mit Deckel. Ich leerte die Haferflocken aus, schichtete die Kuchen hinein und schüttete die Flocken darüber. Die Haferkuchen blieben erstaunlich frisch, selbst nach zwei Wochen waren sie noch knusprig.

Mein selbst gemachter Käse müsste zusammen mit frischen Haferkuchen köstlich schmecken, doch die waren längst aufgegessen, als der Käse fertig war. Laut meinem Handbuch musste ich meinen kleinen Kebbock acht Tage lang täglich wenden, bevor ich ihn aus der Salzlake nehmen und trocknen konnte. Als es so weit war, sah der Käse schön und fest aus. Ich legte ihn auf ein Trockengestell, das vorschriftsmäßig an einem »kühlen, luftigen Ort« stand, bedeckte das Ganze zum Schutz gegen die Fliegen mit Musselin und plante, den Käse zu servieren, wenn meine Familie zu Besuch käme.

Ich hatte sie einige Wochen nicht gesehen. Auch meine Wanderung zur Küste war schon eine Weile her. Der Sommer neigte sich seinem Ende zu und eine bedeutende Reise wollte ich noch unternehmen. Das Ziel Edinburgh lag nahe. Das ist eine Entfernung von 48 Kilometern, die Fischerfrauen gemäß historischer Quellen an einem Tag zurücklegen konnten. Sie gingen von Musselburgh aus 24 Kilometer landeinwärts, einen Korb voll Fische auf ihrem Rücken und kehrten manchmal noch am selben Tag zurück. Diese Frauen waren wirklich hart im Nehmen! Es gibt Bilder, auf denen sie ihre Ehemänner vom Ufer bis zu einem Boot im flachen Wasser Huckepack tragen, damit die Männer ihren langen Tag auf dem Meer nicht mit nassen Hosen beginnen mussten. Die Frauen waren nicht nur körperlich stark, sondern auch machtvoll: Sie verkauften den Fang und verwalteten daher das gesamte Geld der Familie, das machte sie zu ungewöhnlichen Mitgliedern der schottischen Gesellschaft. Berichten zufolge bildeten sie eine lebhafte, respektlose Gruppe.

Nicht nur Fischerfrauen legten lange Fußmärsche zurück. Der berühmte schwarze Zwerg in dem gleichnamigen Roman von Sir Walter Scott (1771–1832) lebte im Süden von Peebles und soll ganz selbstverständlich nach Edinburgh gegangen sein, um einen Abend mit seinen Freunden zu verbringen. Ich prüfte die Route, die er wahrscheinlich genommen hat, und beschloss, sie auszuprobieren. Ich musste zuerst über die Hügel nach Peebles und dann weiter entlang der Landstraße, die ich im April genommen hatte, fernab der Schnellstraße, die direkt in den Norden führt. Laut meiner Karte betrug die Distanz nicht 48, sondern 64 Kilometer. Das war an einem Tag nicht zu schaffen, deshalb verabredete ich mit Freunden, die zwischen Peebles und Edin-

Die Fischerfrauen a[...]
dem Stich von Thom[...]
Bewick scheinen u[...]
ihren Lasten nic[...]
sonderlich zu le[...]

Naturbeobachtungen

3. September. Fand in der Nähe des Dorfs eine Stelle, wo viele Brombeeren wachsen!

18. September. Unter verwelkendem Farnkraut am Waldrand sind viele Dachsabtritte. Dort muss es eine Menge Dachse geben, obwohl ich nie einen Bau gesehen habe.

Brombeeren; Bäume im Herbstnebel; Glockenblumen. →

burgh wohnen, eine Nacht bei ihnen zu bleiben. An einem sonnigen Herbsttag brach ich auf. Der Anstieg zur Landstraße war wie immer eine Schinderei, doch die hatte ich in diesem Jahr schon mehrmals bewältigt. Bei einem Abschnitt musste man sich durch hohes Heidekraut kämpfen. Einen neu angelegten Feldweg entdeckte ich erst, als ich die Anhöhe erreichte, er hätte mir viel Mühe erspart. Hätte ich mir den Hang vorher genau angesehen, hätte ich den Pfad unweigerlich entdeckt.

Ich schritt zielstrebig durch Peebles und blieb nur an den herrlichen Brombeersträuchern hinter dem Campingplatz stehen. Die Brombeeren, die bei mir in der Nähe

BROMBEEREN & ÄPFEL

lassen sich zu einem wunderbaren Kompott verarbeiten. Wilde Brombeeren mit kleinegeschnittenen Äpfeln und Zucker vermischen. Den Zucker können Sie auch weglassen, wenn die Äpfel süß genug sind. Köcheln lassen. Blau- und Holunderbeeren passen auch gut zu Äpfeln, die bereits im September reif sind.

wachsen, sind sauer und mickrig, da lohnt sich das Sammeln nicht. Ich aß mich an den Beeren satt und gab eine Ration als Proviant in den Hornbecher. Den konnte ich später gut brauchen, denn in den Hügeln über Peebles verirrte ich mich in einem Labyrinth an markierten Wegen. Plötzlich befand ich mich tief in einem Kiefernwald, meilenweit entfernt von der Hauptstraße am Fuße des Tals, die mein Orientierungspunkt hätte sein sollen. Es war bereits später Nachmittag. Ich marschierte weiter, in der Hoffnung, aus dem Wald herauszukommen und eine Straße zu entdecken, die mir vertraut vorkam. Es dämmerte bereits, als ich endlich eine fand. Ich wandte mich Richtung Osten, weil ich dachte, dass Eddleston dort läge. In Wahrheit war ich schon längst daran vorbei. Es war pures Glück, dass ich auf meinen Freund Jeremy und seinen Sohn Angus stieß, die mir entgegengegangen waren. Um ein Haar hätte ich eine authentischere Erfahrung gemacht, als mir lieb war, nämlich in einer fremden Gegend von der Nacht überrascht zu werden und ein Quartier suchen zu müssen.

Der zweite Tag brachte mich auf die alte Kutschenroute durch Leadburn Moor. Die Landstraße wurde 1805 angelegt und ist immer noch gut begehbar. Gegen Rosslyn hin ist sie asphaltiert und die ersten Häuser tauchen auf. Ich schlug mich über die Felder und erreichte schließlich die Schlucht, das Schloss und die Rosslyn-Kapelle. Der Parkplatz davor war voller Busse. Damit waren die neuzeitlichen Pilger auf der Suche nach dem Heiligen Gral gekommen, der angeblich hier eingemauert sein soll. Das unterstellt jedenfalls Dan Brown in seinem Bestseller *Das Sakrileg*. Australische Touristen fragten mich sofort, warum ich in ein altertümliches Gewand gekleidet sei. Bei Einheimischen passierte mir das so selten, dass ich fröhlich mit ihnen plauderte. Ich durfte aber nicht länger verweilen, Rosslyn liegt noch ein gutes Stück entfernt von Edinburgh, wo ich mit Ben verabredet war. Ich wollte mir den Anblick von IKEA sowie anderer moderner Baumärkte ersparen und umging sie deshalb in Richtung Hillend. Ich steuerte Edinburgh auf der Straße an, die nach Morningside führt. Das war der anstrengendste Teil der Reise, doch ich hatte die Braid Hills vor Augen, durch sie würde ich fernab von Verkehr den Wanderweg zu den Meadows finden.

Um vier Uhr nachmittags erreichte ich die medizinische Fakultät, in der sich das Labor meines Sohnes befindet. Wir tranken im Nationalmuseum von Schottland Tee, der Ort schien uns höchst angemessen für einen Besucher aus der Vergangenheit. Niemand verzog wegen meiner Aufmachung das Gesicht. Der tief sitzende Schmutz an meinen Händen und der durchdringende Rauchgeruch in meinem Haar zeugten stärker von der Geschichte des Landes als so manches Ausstellungsstück im Museum.

Nachdem ich meine Großmutterrolle ausgiebig genossen hatte, kehrte ich nach zwei Tagen mit dem Bus zum Cottage zurück. Ben und unser Freund Al kamen, sie wollten die letzten Sommertage auskosten und mir außerdem dabei helfen, das Dach

Detail der Rosslyn-Kapelle

Zwei Ansichten des Tweed: Neidpath Castle (nahe Peebles, oben) und mit Kiefern bewachsene Hügel, in denen ich mich verirrte.

der Holzhütte auszubessern. Wir nahmen moderne Materialien und brauchten nur einen Tag dafür. Wir schwitzten und fluchten, waren dabei aber sehr ausgelassen. Wie gänzlich anders hätte solch ein Vorhaben im 18. Jahrhundert ausgesehen! Am späten Nachmittag waren wir alle so verschwitzt, dass wir uns in den Fluss stürzten. Die Jungen sprangen mit dem Kopf voran wagemutig in die starke Strömung, ich begnügte mich damit, vom Ufer aus vorsichtig ins Wasser zu gehen. Ob eine Schulmeistergattin wohl jemals im Fluss gebadet hat? Ich glaube kaum, aber ich wette, die jungen Mädchen haben es getan, sobald sich die Gelegenheit dazu bot.

ARBEITEN IM SEPTEMBER

- Erbsen- und Bohnenbüsche entfernen, den Boden mit Mulch bedecken oder Gründünger säen, die Erde sollte nicht ungeschützt sein.
- Im Laufe des Monats die Kartoffeln ernten, damit sie nicht den Schnecken zum Opfer fallen. Ein bis zwei Stunden in der Sonne trocknen lassen, dann an einem kühlen, dunklen Ort lagern. Unkraut zwischen den Lauchpflanzen jäten.
- Vogelbeeren, Holzäpfel und Fallobst sammeln. Gelee daraus machen.
- Schilf für Binsenlicht verwenden.

Im Uhrzeiger-
sinn von oben:
Vogelbeeren;
Schilf;
ein Beet mit
Gründünger.

KAPITEL 12
Beleuchtung schaffen

D AS SCHWINDEN DES LICHTS im Oktober machte mich trübsinnig. Zu Beginn des Monats konnte ich noch in der Abenddämmerung kochen, ein paar Tage später benötigte ich eine Kerze. Im Sommer hatte ich die meiste Zeit im Freien verbracht und sehr wenige Kerzen angezündet. Nun wurde ich unsanft daran erinnert, dass ich an jedem Winterabend vier Kerzen verbrauchen würde, wenn ich vernünfige Beleuchtung haben wollte.

Meine Auffassung von »vernünftig« wäre nach den Maßstäben des 18. Jahrhunderts großzügig gewesen. Die Menschen stellten ihre Kerzen meist selbst her und zwar aus Talg. Das Verfahren war mühselig, wie so viele damalige Tätigkeiten im Haus. Kerzen wurden sorgsam gehütet, damit sie die dunklen Monate überdauerten. Sie wurden nicht vergeudet, nicht einmal vom Landadel und mit Sicherheit nicht von Kindern. Elizabeth Grant aus Rothiemurchus wurde als Achtjährige gescholten, weil sie die Kerze eine Stunde brennen ließ, um ein Buch zu lesen. In ihren Memoiren heißt es ferner, sie und ihr Bruder seien als kleine Kinder ohne Kerze allein zu Bett geschickt worden. Sie mussten im Dunkeln eine ausladende Treppe emporsteigen und im Flur an einer »großen haarigen Truhe« vorbeigehen. William hatte deswegen jede Nacht Alpträume, es dauerte Monate, bis die Eltern das Problem erkannten und die Tür zum Wohnzimmer offen ließen, damit die Treppe von einem schwachen Lichtschein erhellt

wurde. Im Flur wurde eine Öllampe aufgestellt. Paraffin war noch nicht erhältlich und Öllampen hatten noch immer die primitive, bauchige Form, die seit Urzeiten genutzt wurde. Der Brennstoff war vermutlich Walöl. Ich wollte meine alte Öllampe mit erhöhtem Schnabel, in den der Docht aus Moorbinsen versenkt wird, ausprobieren.

Binsen schneidet man am besten im August. Das war einst Aufgabe der Kinder und wie Kinder so sind, erfanden sie Spiele und Wettkämpfe, die damit in Verbindung standen. Beliebt war zum Beispiel das Wett-

Ich würde eine Menge Kerzen fü die langen, dunklen Winternächte brauchen. Ich habe eine Öllamp, in der Hand, hinter mir hängen Binsenlichter.

DOCHTE FÜR ÖLLAMPEN

Nehmen sie grüne, dicke Binsen.
Jeden Binsenstängel ein paar Zentimeter unter der
Spitze mit einem Nagel oder Drahtstift durchboh-
ren. Die Spitze zwischen die Zähne nehmen, sie
sollte guten Halt haben, aber nicht durchbissen
werden. Nagel oder Drahtstift in beide Hände nehmen und langsam in der Mitte des Stängels bis
nach ganz unten ziehen. Nun sollte das Mark zum
Vorschein kommen. Ein bis zwei Tage trocknen.
Das Mark als Docht in einer Öllampe verwenden,
etwa in einem Modell wie Aladins Wunderlampe.
Wenn Sie so etwas nicht besitzen, töpfern Sie
sich eine Öllampe. Vielleicht finden Sie sogar Ton
an einem Flussufer. Wenn Sie Ihr Kunststück
nicht brennen können, im Ofen trocknen lassen und bei Gebrauch auf
einen Teller stellen, damit kein Öl herausläuft.

ziehen des Marks. Das geschah mit einem Nagel. Man hielt die Spitze der Binse zwischen den Zähnen und durchbohrte sie etwas unterhalb mit dem Nagel. Man musste
vorsichtig vorgehen, sonst biss man durch das Mark hindurch. Dann zog man den
Nagel in der Mitte durch den Stängel und wenn man Glück hatte, schnellte das dicke,
weiße Mark heraus. Sieger war selbstverständlich, wer das längste Stück Mark her-
ausgezogen hatte. Dieses Spiel fand traditionell an Lammas statt, dem ursprünglich
keltischen Fest des Hochsommers am 1. August. Es sorgte dafür, dass man genug
Dochte für den Winter hatte.

Ich hatte vergessen, wie man das Mark herauszieht, also musste ich erneut Patrick
Cave-Browne konsultieren, der mir nicht nur beigebracht hatte, eine Zunderbüchse
in Gang zu setzen, sondern der mich auch regelmäßig mit neuen Feuersteinen und
Zunder versorgte. Außerdem fertigte er Kerzengussformen für mich und zeigte mir
viele geheimnisvolle (und übelriechende) Arbeitsgänge. Seine Briefe, in denen er mich
instruierte, waren stets von Hand und mit einem Federkiel geschrieben. Als er kam,
um mich an das Binsenschneiden für Lampendochte zu erinnern, hatte er gleich die
richtigen Arbeitsgeräte für Binsenlichter dabei. Patrick und seine Frau Mary haben
mich während meines Jahres im 18. Jahrhundert mit grenzenloser Liebenswürdigkeit
unterstützt.

BINSENLICHTER

Binsenlichter sind eine einfach herzustellende, effektive Notbeleuchtung. Ich möchte ja nicht wie Kassandra klingen, aber ich sehe Zeiten kommen, in denen unsere Stromversorgung nicht gewährleistet sein könnte. Da ist es sinnvoll, unabhängig zu sein. Paraffinkerzen produzieren viel Kohlenstoff, Binsenlichter sind hingegen umweltfreundlich und werden aus einem Abfallprodukt der fleischverarbeitenden Industrie gemacht.

Für Binsenlichter benötigten Sie geschälte, getrocknete Binsen sowie Rindertalg (das Fett aus der Niere ist am besten geeignet), den Ihnen vielleicht Ihr Fleischer schenkt, oder Sie kaufen das Fett. Geben Sie es in einen verschließbaren Topf und schmelzen Sie es bei niedriger Hitze mehrere Stunden lang. Dabei entwickelt das Fett einen unangenehmen Geruch. Sie können es auch im Ofen schmelzen, bis es klar und flüssig ist. Durch ein Tuch abseihen und in einem irdenen Gefäß mit Deckel lagern (Talg zieht Mäuse an, wie ich zu meinem Leidwesen feststellen musste!). Sorgsam gelagerter Talg hält jahrelang.

Sammeln Sie die Binsen im Sommer und nehmen Sie lange, dicke Stängel. Abschälen, bis nur noch ein Fünftel der Außenschicht übrig ist (die Anleitung, wie man Binsen schält, finden Sie auf der nebenstehenden Seite). Es bedarf etwas Übung, ist aber leicht zu erlernen.

Fertigen Sie ein einfaches Hängegestell. Hierfür ein 40 Zentimeter langes und 14 Zentimeter breites Holzbrett nehmen und im Abstand von etwa 5 Zentimetern 8 kurze Nägel hineinschlagen. Das Brett an der Rückseite mit einer Hängevorrichtung versehen und an einer Wand in einem Schuppen oder Ähnlichem befestigen (nicht im Wohnzimmer!).

Die Binsen zu Paaren bündeln. Den Talg in einem hohen, schmalen Gefäß schmelzen (z. B. in einer der üblichen Dosenverpackungen für Whisky im heißen Wasserbad). Ein Paar Binsen einige Sekunden lang in den Talg tauchen. Kurz abtropfen lassen und auf einen Nagel hängen. Den Vorgang wiederholen, bis das ganze Gestell voll ist. Dann das erste Paar erneut tauchen. Die Binsen müssen etwa 10-mal getaucht werden, bis sie von einer dicken Talgschicht umhüllt sind. Decken Sie Ihre Arbeitsfläche vorher mit Zeitungspapier ab, Fetttropfen lassen sich nicht vermeiden.

Binsenlichter werden in einem 45-Grad-Winkel abgebrannt, Sie müssen sich also einen Halter basteln. Meinen sehen Sie auf Seite 160.

Nahaufnahme meiner Binsen-lichter. Das Hängegestell dafür sehen Sie auf dem Foto auf Seite 156.

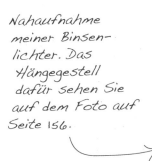

Binsenlichter werden etwas anders als Dochte für Lampen hergestellt. Die Binsen-stängel müssen geschält werden, man entfernt so viel von der äußeren Schicht, bis ungefähr ein Fünftel davon übrig ist. Hierfür hält man die Binse locker in einer Hand, greift die Enden der Außenschicht mit der anderen und zieht sie sanft hinunter. Dadurch lösen sich auch untere Schichten, so dass man alles auf einmal abschälen kann. So lautet zumindest die Theorie. In der Praxis gelang mir das nicht auf Anhieb, ich musste ein paarmal üben, bis ich brauchbare Binsen in der Hand hielt.

Die Binsen müssen in ein tiefes Gefäß mit geschmolzenem Talg getaucht werden. Ich musste mir vom Fleischer Fett beziehungsweise Rindertalg erbetteln und diesen in meinem großen Topf langsam über dem Feuer erhitzen. Das ist eine übelriechende Angelegenheit, vor allem beim anschließenden Durchseihen, bei dem Membrane und zähe Stücke entfernt werden, damit man reines, weißes Fett gewinnt, das ewig hält. Ich hatte nichts Passendes, um die Binsen ins Fett zu tauchen. Patrick rettete mich wieder einmal. Er gab mir zwei Kupferrohre von einem Zoll Durchmesser, die unten geschlossen waren und in einem Holzblock standen; man musste nur sehr wenig Fett hineinfüllen. Ich verband die Binsen paarweise, tauchte sie ein und hängte sie über zwei Nägel. Dann kam das nächste Paar. Als sechs Paare an Nägeln hingen, war das erste Paar so weit abgekühlt, dass man es wieder tauchen konnte. Ich arbeitete drau-ßen, was den Vorteil hatte, dass der Talg rasch abkühlte. Binsenlichter müssen inge-samt etwa zehnmal getaucht werden. Ich rannte also ständig mit dem heißen Talg hin und her. Ich hatte im Cottage angefangen, doch da kühlte der Talg viel langsamer ab, außerdem stank es entsetzlich.

Binsenlichter brennen in einem Winkel von 45 Grad am besten. Patrick hatte einen traditionellen Halter aus Holz gefertigt, bei dem das Binsenlicht an einen biegsamen Zweig geklemmt wird. Ich fand das Objekt sehr hübsch, man musste aber aufpassen, dass das Licht nicht zu weit herunterbrannte und dann den gesamten Halter in Brand setzte. Das führte mich zu der Überlegung, wie eingeschränkt die Menschen nach Einbruch der Dunkelheit damals gelebt haben. Man entzündete die Lichter in einem Raum, und dort blieb man auch. Dann merkte man auch, wenn ein Docht gestutzt oder ein Binsenlicht versetzt werden musste, und man verließ den Raum nicht. Wenn man es doch tat, nahm man das Licht mit. Ich besuchte gerne spontan einen Nachbarn oder musste manchmal ein paar Stunden in meinem Büro im Wohnhaus arbeiten. Währenddessen ließ ich ein Licht im Cottage brennen, meist eine Kerze, da konnte am wenigsten passieren.

Je nach Art des Talges und der Dicke brennen Kerzen drei bis sechs Stunden lang. Patrick hatte mir freundlicherweise zwei Gussformen gemacht, ich fand, dass das Verfahren extrem langwierig war. Es dauert Stunden, bis die Kerzen in den Formen abgekühlt und fest sind, man kann immer nur zwei auf einmal machen. Am besten stellt man Kerzen und Binsenlichter gleichzeitig her, dann muss man den Talg nur einmal erhitzen. Wenigstens musste ich meine Kerzen nicht im Verborgenen machen. Im 18. Jahrhundert waren Kerzen besteuert, man versteckte die Formen und goss die Kerzen heimlich, in der Hoffnung, dass man dabei nicht von einem neugierigen Nachbarn oder von einem Steuerbeamten erwischt wurde.

Diese Halter für Binsenlichter hat Patrick für mich gefertigt.

Füllte die Öllampe mit Dorschleberöl. Sie hat acht Stunden gebrannt und ist immer noch nicht leer. Sie spendet nur wenig Licht, etwa ein Drittel einer Kerzenflamme, im Raum sind tiefe Schatten. Ich kann den Tisch und zwei Stühle erkennen, der dritte liegt im Dunkeln. Kann bei diesem Licht weder schreiben noch lesen. Es reicht aber aus, um sich im Raum zu bewegen. Versuchte, mit dem Licht zu kochen, das war eine echte Geduldsprobe. Die meisten Häuser Schottlands waren über Generationen nur von Öllampen erleuchtet. Die Augen gewöhnen sich mit der Zeit an das Dämmerlicht.

Aber schließlich wollte ich ja erfahren, wie es sich anfühlt, in jener Zeit zu leben. Ich probierte daher Verschiedenes aus. Ich konnte beispielsweise im Licht einer modernen Kerze lesen, leichter ging es jedoch mit zweien. Dabei sollte das Buch möglichst aufrecht stehen, mein Vater hat mir vor 40 Jahren einen Buchhalter gemacht, in den man vorne eine Kerze hineinstecken kann. Beim Licht einer Talgkerze zu lesen war schon schwieriger, und mit einem Binsenlicht war es noch schlimmer. Im Licht einer Öllampe kann man gar nicht lesen. An einem Abend entzündete ich meine Öllampe, als das Feuer heruntergebrannt war. Ich saß im Halbdunkel, starrte in die kleine, beständige Flamme und dachte über meine Vorfahren nach. Es mag schwer gewesen sein, bei diesem Schummerlicht Buchstaben zu entziffern, doch vor 200 Jahren waren die Schotten belesener als die Engländer. Dorothy Wordsworth war überrascht, wie gebildet die Menschen in den Lowlands waren. Einmal wollte sie nahe Thornhill in einem Schlagbaumhäuschen etwas Heu erstehen: »Da saß ein alter Mann mit einem grauen Plaid über seinen Schultern und las Zeitung. Im Regal standen *Die Schottische Enzyklopädie*, *Die Geschichte Englands* und ein paar andere Bücher.« Elizabeth Grant berichtet von einem Mann und einem Burschen in einer Sägemühle, die sich die Zeit, bis neues Holz eintraf, mit dem Studium von Klassikern und Geografie vertrieben. Ob es nun Männer der Aufklärung wie Adam Smith und David Hume waren oder Dichter wie Robert Burns und Robert Fergusson, die beide aus ärmlichen Verhältnissen stammten; all diese Menschen lasen bei Kerzenlicht. Man vergisst leicht, welche Herausforderung es bedeutete, sich unter diesen Bedingungen zu bilden. Je mehr ich darüber nachdenke, umso mehr wächst meine Bewunderung. Ich konnte nie länger als eine halbe Stunde bei diesem Licht lesen, ohne danach eine Pause einzulegen.

Wir vergessen auch, dass offenes Feuer erheblich zur Beleuchtung eines Raums beitrug. Im Winter öffnete ich gerne den Feuerraum meines Herds und ließ die Flammen hochzüngeln. Das flackernde Licht wirkte aufmunternd und erhellte das Cottage. Eines Abends las ich die schottisch-englischen Grenzballaden, die Sir Walter Scott 1802 herausgegeben hat und die ein wichtiges literarisches Erbe Schottlands darstellen. Es handelt sich um eine Art Kurzgeschichten in Versform. Darunter ist auch die Ballade *Clerk Saunders*, in der der gleichnamige Held ein Verhältnis mit der »Maid« Margaret beginnt. Die beiden werden von den sieben Brüdern Margarets in flagranti ertappt. Saunders wird vom jüngsten Bruder umgebracht und die Maid schwört, dass niemals wieder ein Feuer oder Kerzenlicht ihr Gemach erhellen werde.

Dieser Gedanke ließ mich erschaudern und ich war wirklich dankbar, ausreichend viele Talgkerzen und Binsenlichter zu besitzen, die mein Gemach erhellen würden. Jemand hatte mir auch einen ganzen Beutel Teelichter geschenkt, die ich anfangs manchmal benutzt hatte, wenn nichts anderes zur Hand war, die ich inzwischen jedoch vergessen hatte.

An Halloween besuchte mich eine Freundin. Wir saßen am Tisch im Cottage und inszenierten unsere eigene Halloween-Zeremonie. Jede nahm ein Binsenlicht, dann

Mit diesem Blasebalg schürte ich mein Feuer.

Talgkerzen haben eine kleinere Flamme als moderne.

Ein offener Kamin war Kochstelle, Licht- und Wärmequelle in einem. Alle Hausbewohner versammelten sich davor.

zündeten wir abwechselnd ein Teelicht an. Beginnend mit unserer Kindheit dachten wir jedes Mal, wenn wir ein Licht entzündeten, an eine für uns wichtige Person, die in jener Phase unseres Lebens gestorben war. Am Ende war das Cottage von einem Lichtermeer erhellt. Anschließend tranken wir einen kräftigen Schluck Whisky und ließen all die Geister, die wir gerufen hatten, wieder ziehen. Es war ein eindrucksvolles Erlebnis.

Es war sicherlich vorteilhaft, dass meine Abendlektüre nicht aus den »Bestsellern« des 18. Jahrhunderts bestand. Darunter befinden sich nämlich Titel wie *Die Entdeckung von Satans unsichtbarer Welt, welche die Existenz von Teufeln, Geistern, Hexen und Erscheinungen beweist*. Auch die Grenzballaden las ich nicht, bevor ich zu Bett ging, in ihnen kam einfach zu viel Mord und Elend vor. Wenig nach meinem Geschmack waren auch die damals beliebten Bibelkommentare und -konkordanzen. Mein Zugeständnis an dieses Genre bestand aus einem Exemplar von John Bunyans *Pilgerreise zur seligen Ewigkeit*. Ich hatte wirklich vorgehabt, mich ernsthaft mit den wichtigen Autoren jener Zeit zu beschäftigen, etwa mit David Hume und Adam Smith. Als ich feststellte, wie schwierig es war, bei Kerzenlicht zu lesen, verlegte ich mich jedoch auf Romane. Der *St. Ronans Brunnen* von Sir Walter Scott stammt aus der richtigen Zeit. Die Werke von Jane Austen, den Schwestern Brontë und Charles Dickens erschienen zwar später, doch sie schildern eine Welt, die dem 18. Jahrhundert recht nahe ist. Ich fand es ein bisschen schwach von mir, nichts Ernsthafteres zu lesen. Aber nach der ganzen Schufterei aufrecht im Kerzenschein sitzen zu müssen war anstrengend, da brauchte ich Literatur für das Gemüt.

Naturbeobachtungen

12. Oktober. Sehr nasser Tag. In der Spüle saß eine Kröte. Muss sie nicht bald überwintern?

13. Oktober. Pilzsaison! Ein ganzes Feld war von Wiesenchampignons übersät.

17. Oktober
Sammelte Holzäpfel in der Nähe von Traquair House. Dort wachsen drei unterschiedliche Sorten und zwei Wildbirnenarten in einer einzigen Hecke. Sind sie vielleicht von einem Reisenden gepflanzt worden, der vor mehr als 100 Jahren in Kasachstan (Heimat der Wildäpfel) war?

Die Tage Anfang Oktober waren zwar kurz, aber warm und häufig sonnig. Die Wiesenchampignons schossen nur so aus dem Boden. An den Wochenenden kamen Gäste, um sie körbeweise zu sammeln. Wir hatten viel Spaß und aßen zu jeder Mahlzeit Pilze. Ben kochte literweise Champignonsuppe, doch der Pilzberg wurde nicht wesentlich kleiner. Das Cottage war tagelang mit Pilzgirlanden geschmückt.

Die Jagdsaison begann und Ram brachte Fasane. Ich habe sie erst gar nicht gerupft, weil ich ja keinen Ofen hatte, um sie darin zu braten. Stattdessen haben wir sie gehäutet, um sie im Topf garen zu können. Ich fand ein Rezept aus dem 18. Jahrhundert, bei dem die Vögel in einem Sud aus Weißwein, Zitronensaft und Muskatblüte geschmort werden. Das klang interessant, ich hatte Fasan immer in Rotwein zubereitet. Ich habe mich nicht mit der Frage aufgehalten, ob die Familie eines Schulmeisters Weißwein gehabt hat, geschweige denn so viel, um damit kochen zu können. Mein ständiges Hinterfragen, ob ich auch alles richtig mache, ebbte allmählich ab.

GESCHMORTER FASAN

Fleisch und Zwiebeln anzubräunen ist eine moderne Kochmethode.
Im Originalrezept lässt man bis auf den Zitronensaft alles im Topf
schmoren und muss den aufsteigenen Schaum abschöpfen. Das
erübrigt sich, wenn man das Fleisch zuvor anbrät.

1 Fasan pro 4 Personen
1 Zwiebel, grob gehackt
Butter
1/2 Flasche Weißwein
etwas Muskatblüte
etwas Muskatnuss
einige Knoblauchzehen
Mehl oder Speisestärke zum Andicken
Schale und Saft von 1 Zitrone
Salz und Pfeffer
1 Prise Zucker (nach Geschmack)

Fasane und Zwiebel in Butter anbraten. Weißwein, Muskatblüte sowie
-nuss und Knoblauchzehen zugeben. Bei niedriger Hitze zugedeckt etwa
1 Stunde schmoren lassen. Das Fleisch ist durch, wenn beim Einstechen
mit einer Gabel klarer Saft austritt. Herausnehmen und warm halten.
Die Sauce mit Mehl oder Stärke binden. Zitronenschale sowie -saft
einrühren. Mit Salz, Pfeffer und Zucker würzen.

SCHOTTISCHER FASAN - mit Apfelchutney in der Sauce

1 Fasan, pro 4 Personen
Butter
2 bis 3 Zwiebeln, grob gehackt
1/2 Flasche Rotwein

3 EL Apfelchutney
Wasser
Mehl zum Andicken (optional)
Salz und Pfeffer

Fasan und Zwiebeln in Butter anbraten. Rotwein und Apfelchutney zugeben. Mit Wasser bedecken. Zugedeckt
1 Stunde oder länger schmoren lassen.
Den Vogel herausnehmen und die Sauce
einkochen lassen. Mit Mehl binden oder
klar belassen. Mit Salz und Pfeffer
abschmecken, alles servieren.

In dieser Verfassung befand ich mich, als meine Gäste abreisten und ich die dunklen Nächte wieder allein verbringen musste, wissend, dass noch längere, dunklere und kältere kommen würden. Langsam wünschte ich mir, das Jahr wäre vorüber. Der größtenteils abgeerntete Gemüsegarten sah trostlos aus. Ich zog alte Bohnenstiele und Erbsenpflanzen heraus. Ich wollte alles in Ordnung bringen, bevor der Winter einsetzte. Doch abgesehen von den kürzer werdenden Tagen gab es keinerlei Anzeichen dafür. Die Luft war ungewöhnlich warm und bis auf einen gelegentlichen Regenguss blieb es trocken.

Die Ausstellung über die Ernährung in Schottland ging in die Produktionsphase, die Schaukästen wurden zusammengestellt. Die Mittel waren beschränkt, für manche Fotos gab es nur ein knappes Budget. Man munkelte, dass es unmöglich sein würde, gekochte Speisen zu zeigen. Ich bot an, umsonst zu kochen, da es mir wichtig war, alle Epochen in der schottischen Ernährungsgeschichte optisch abzudecken. Ich würde meine Rolle im 18. Jahrhundert für ein oder zwei Tage aufgeben müssen, aber das war genau das, was meine erlahmenden Lebensgeister brauchten. Malcolm Benzie, ein junger Fotograf, war bereit, für geringes Entgelt zu arbeiten. Ich fuhr mit dem Auto nach Edinburgh, um ihn mit seiner Ausrüstung abzuholen. Unterwegs kaufte ich ein paar Zutaten, die ich nicht selbst beisteuern konnte. In meinem Kofferraum lagen ein großer Rinderbraten, Bücklinge, Muscheln, Sahne und seltsame Dinge, die man zu Kriegszeiten aß, wie Corned Beef und Industriemarmelade. Äußerst befremdlich fand ich den Kauf von grellen Süßigkeiten und ungesunden Snacks, schließlich mussten wir ja auch die Sünden der heutigen Ernährung aufzeigen.

Die Herbstsonne bringt die Blätter nach einem Regenguss zum Glänzen.

Eicheln und Nüsse sammelt man im Oktober.

VORRAT IM OKTOBER

Aus dem Garten: Pastinaken,
Kohl- und Steckrüben, Lauch,
Karotten, Rotkohl, Äpfel
Gesammelt: Wiesenchampignons,
Holunderbeeren, Holzäpfel
Aus der Vorratskammer:
Kartoffeln, Zwiebeln, Kürbis

WILDSUPPE

Hierfür können Sie Innereien von Wildvögeln,
Karkassen von Geflügelbraten und Wildkno-
chen nehmen. Ich nehme auch gerne
einen offenkundig alten Fasan.

Für den Fond: 2 Liter Wasser; 1 alten Fasan
oder Innereien, Knochen und Abschnitte
von Wild; 1 Lorbeerblatt; 6 Pfefferkörner;
Salz

Alle Zutaten in einen großen Topf geben.
Aufkochen lassen und dann einige Stunden
simmern lassen. Sobald sich das Fleisch
von den Knochen löst, herausnehmen,
würfeln und für später beiseitelegen.

Für die Suppe:
  2 Karotten, gewürfelt
  2 Zwiebeln, gehackt
  1 weiße Steckrübe, gewürfelt
  Butter, Entenfett oder Olivenöl
  2 Kartoffeln, gewürfelt
  etwas Sherry, Portwein oder Holunderwein
  Salz und Pfeffer

Karotten, Zwiebeln und Steckrübe einige Minuten in Fett anbraten. Dann die
Kartoffeln zufügen. Den Fond abseihen und dazugeben. Das Ganze kochen
lassen, bis das Gemüse weich ist. Vor dem Servieren beiseitegelegtes
Fleisch und Alkohol zufügen. Mit Salz und Pfeffer abschmecken.

Lauch-Kartoffel-Suppe

4 große Lauchstangen, in feinen Ringen
1 mittelgroße Zwiebel, fein gehackt
Butter
1 Liter Wasser oder Gemüsefond
3 große, gewürfelte Kartoffeln oder
   3 EL Haferflocken
Salz und Pfeffer
etwas Milch

Lauch und Zwiebel in Butter andünsten. Wasser oder Fond angießen.
Kartoffeln in der köchelnden Flüssigkeit in 10 Minuten weich garen,
Haferflocken in 20 Minuten. Kartoffeln zerdrücken oder die Suppe pürieren.
Mit Salz und Pfeffer abschmecken, etwas Milch einrühren.
Für 6 bis 8 Personen.

»Apfelstew«

Meinen ersten ganz eigenen Kochversuch unternahm ich in einem alten Topf über einem Garten-
feuer mit Falläpfeln. Ich muss etwa acht Jahre
alt gewesen sein.
Meine Freundin und ich nannten das Gemisch aus
Wasser und Äpfeln »Apfelstew« und aßen es im
Herbst mehrmals in der Woche.
Dieses Rezept ähnelt meinem damaligen Gericht,
die Äpfel werden nicht geschält. Über die Jahre
habe ich es etwas verfeinert. Es ist ideal, um
Fallobst zu verwerten.

- 1 kg Kochäpfel, kleingeschnitten, aber ungeschält
- etwas Zitronenschale
- Zimt nach Geschmack
- Weißwein, Apfelmost oder Sherry
- etwas Zucker

Alle Zutaten bis auf den Zucker in einen schweren Topf geben. Aufkochen
und dann bei niedriger Hitze simmern lassen. Häufig umrühren. Sobald die
Äpfel weich sind, etwas Zucker einrühren. Eventuell brauchen Sie gar
keinen Zucker, das hängt von der Apfelsorte ab.

Die steinzeitliche Feuerstelle, mit heimischem Wild und Obst.

Wir hatten zwei Tage für die Vorbereitung und zwei für die Fotoarbeiten geplant. Ich dachte, ich hätte gut vorgearbeitet, aber es war extrem mühsam, eine antikes Set nach dem anderen aufzubauen. Die steinzeitliche Feuerstelle war ein Triumph. Zufällig hatte mir ein befreundeter Jäger kurz zuvor zwei Wildenten vorbeigebracht. Ich legte sie vor die Feuerstelle, über der gebratene Tauben am Spieß installiert waren. Große Muschelschalen enthielten Miesmuscheln, Meeresfrüchte waren wichtiger Bestandteil der Ernährung im Mesolithikum. Es gab auch Holunderbeeren, Heidelbeeren und Haselnüsse. Alle vor Ort gesammelt, so wie man es vor über 6000 Jahren zu tun pflegte.

Wir arbeiteten uns durch die römische Küche, den mittelalterlichen Kochtopf, durch Schalen mit Porridge und den spärlichen Tisch zu Kriegszeiten. Wir fotografierten auch kostbare Delikatessen wie Räucherlachs, Rinderbraten, exotisches Gemüse oder Himbeeren mit Sahne, zunächst im Rohzustand und dann als Gang in einem Menü. Schließlich mussten wir nur noch eine Epoche illustrieren, die Eisenzeit. Hierfür wollte ich ein kleines Reh am Spieß braten. Ich hatte es bereits küchenfertig, es hatte aber über eine Woche lang gehangen, das Fleisch wurde schon von ganzen Fliegenschwärmen bevölkert.

HÜHNERSUPPE MIT LAUCH (COCKYLEEKIE)

Ein Klassiker unter den Suppen Schottlands. Ich habe selten Junghähne, deshalb nehme ich oft Fasane, die eine kürzere Garzeit haben.

- 1 großer Junghahn oder 2 Fasane (mitsamt Innereien)
- 750 g Lauch, in feinen Ringen
- 1 Lorbeerblatt
- 2 Liter Wasser
- 60 g Hafergrütze oder brauner Langkornreis
- 100 g Dörrpflaumen (optional)
- Butter
- Salz und Pfeffer

Das Geflügel zusammen mit 500 g Lauch und dem Lorbeerblatt etwa 1 Stunde im Wasser köcheln lassen. Sobald das Fleisch weich ist, herausnehmen. Hafergrütze oder Reis sowie Pflaumen (falls verwendet) unter die Brühe rühren. Nochmals 30 Minuten garen.

5 Minuten vor Ende der Garzeit den restlichen Lauch in einem Extra-Topf in Butter weich dünsten. Zur Suppe geben und diese mit Salz und Pfeffer würzen. Hühner- oder Fasanenfleisch entweder von den Knochen lösen, würfeln und in die Suppe geben oder im Ganzen als separate Mahlzeit servieren (so, wie man es früher gemacht hat).
Für 8 Personen.

Wir waren gerade nach Innenaufnahmen nach draußen gegangen, um ein Feuer für das Reh am Spieß zu entfachen, als es plötzlich anfing, in Strömen zu regnen. Ein Feuer kam nicht infrage, auch keine Fotoarbeiten. Ich konnte lediglich ins Auto steigen und Malcom mit seinen Kameras zurück nach Edinburgh bringen. Als ich später nach Hause kam, stand ich vor dem Problem, was ich mit dem überreifen Wildfleisch anfangen sollte. Ich nahm das Tier vom Haken. Es war so klein, dass man es in zwei Teile schneiden und im Backofen garen konnte. Mir blieb nichts anderes übrig, wenn ich kein Nahrungsmittel vergeuden wollte. Ich stopfte die Teile in die Röhre. Aber wir hatten kein Foto. Wieder einmal hatte ich mehr Glück als Verstand: Am nächsten Tag schien die Sonne und meine Freundin Susie, die regelmäßig vorbeikommt, um mich zu zeichnen, hatte ihre Kamera dabei. Ich machte ein Feuer, steckte die gegarten Rehhälften auf einen Spieß und Susie drückte auf den Auslöser.

Nun konnte ich mein geruhsames Cottage-Leben wieder aufnehmen. Sobald ich in meine Unterröcke geschlüpft war, kochten wir auf der Außenfeuerstelle Brühe, rösteten Fladen auf heißen Steinen und tranken den letzten Holunderwein.

SCHOTTISCHE GRAUPENSUPPPE (SCOTCH BROTH)

Die schottische Graupensuppe ist weltbekannt. Traditionell besteht sie aus gekochten Gerstenkörnern. Gegen Ende der Garzeit wurde noch fein geschnittener Grünkohl hinzugegeben. Manchmal wurden sie noch mit Steckrüben angereichert oder mit anderem Gemüse, das man gerade zur Hand hatte. Sonntags wurde vielleicht ein Knochen für ein besseres Aroma hinzugegeben. Man kann sich heute kaum vorstellen, dass ein Stück Röhrenknochen in Glasgow durch mehrere Kochtöpfe wanderte, aber die Leute waren wirklich arm. Die Hammelkeule in diesem Rezept hätte sich die Landbevölkerung niemals leisten können, die meisten Fabrikarbeiter im frühen 19. Jahrhundert allerdings auch nicht.

250 g Gerstenkörner oder Perlgraupen
250 g Hammelkeule
250 g Trockenerbsen, eingeweicht
3 Lauchstangen, in feinen Ringen
3 Karotten, gewürfelt
1 kleine Steckrübe, gewürfelt

250 g Kraus- oder Grünkohl, fein geschnitten
2 EL Salz (die traditionell reichliche Menge!)
gehackte Petersilie

Gerstenkörner oder Perlgraupen, Hammelkeule und Trockenerbsen in einem Topf gut mit Wasser bedecken. Mindestens 1 Stunde kochen (ohne Salz, sonst werden die Erbsen hart). Lauch, Karotten und Steckrübe zugeben. Nochmals 30 Minuten garen. Kraus- oder Grünkohl untermischen und in wenigen Minuten weich garen.

Früher hätte man das Fleisch als separate Mahlzeit serviert. Heute nimmt man es heraus, löst es von den Knochen, würfelt es und gibt es wieder in die Brühe. Zum Schluss salzen und mit gehackter Petersilie bestreuen. Für 6 bis 8 Personen. .

ARBEITEN IM OKTOBER

- Karotten ernten und in Sand lagern.
- Äpfel ernten und lagern, am besten in Regalen und einzeln in Zeitungspapier gewickelt, damit die Mäuse keine Chance haben.
- Den Boden von abgeernteten Beeten mit alten Wollteppichen o. Ä. bedecken. Das schützt vor Erosion und verhindert Unkrautwuchs.
- Winterharte Erbsensorten mit Reisig oder anderem Schutz bedecken.
- Holzäpfel sammeln und Gelee machen.
- Reife Holunderbeeren sammeln (im Süden früher) und Wein machen.
- Weiterhin Kerzen gießen.

Gesundes Karottengrün

Vollreife Holunderbeeren

Holzapfelgelee
⟶

KAPITEL 13
Winterschwermut

ZUWEILEN konnte mich der Anblick des Cottage im Kerzenlicht immer noch begeistern. Ich buk weiterhin fröhlich Fladen und sorgte dafür, dass stets ein Topf mit guter Brühe auf dem Herd stand. Anfangs hatte mir die Popularität meines Daseins Freude bereitet, doch inzwischen störte sie mich.

Ich glaube, ich war zu naiv, um zu begreifen, welche Aufmerksamkeit mein Experiment auf sich ziehen würde. Ich dachte, es wäre ein oder zwei Monate lang interessant, dann würden sich die Leute wieder anderen Dingen zuwenden. Aber fast jeden Tag steht jemand vor meiner Tür. Diejenigen, die das Cottage noch nicht gesehen haben, merken, dass mein Jahr bald vorüber ist. Andere, die es bereits kennen, wollen wissen, wie es mir geht. Das ist ja schön, aber heute ging es mir auf die Nerven, mit praktisch fremden Leuten im Cottage Tee zu trinken, während ich darauf brannte, ins Freie und in meinen Garten zu gehen.

Häufiger Besuch entspricht in gewisser Weise der Lebensweise im 18. Jahrhundert. Man lebte stärker in der Gemeinschaft und war ständig beim Nachbarn. Ich ertappte mich dabei, wie eine echte Schulmeistergattin zu denken: »Ist der Boden gewischt? Sind die Fenster geputzt? Kann ich etwas zu Essen anbieten?« Dafür werde ich bei meinem Kostüm nachlässiger, manchmal wird es später Nachmittag, bevor ich in meine Unterröcke steige. Ich bin schon öfter in Jeans erwischt worden, wie damals von Martin Murphy. Ich muss ihn enttäuscht haben, denn in seinen Briefen ermahnte er mich »meinen Ansprüchen treu zu bleiben«. Ich muss mich in diesen letzten Wochen wieder an meine alten Vorsätze halten.

NATURBEOBACHTUNGEN

4. November. Eine große Schar Gänse flog durch die dicken Wolken. Ich konnte sie zwar nicht sehen, doch ich hörte ihre unheimlichen Rufe.

9. November. Von der Hecke an der Straße flog ein kleiner Raubvogel auf. Ein Merlin?

20. November. Die Ähren der Gräser biegen sich unter der Last der Eiskristalle, sie sehen wie Perlenschnüre aus.

Ich zwang mich, einen Großteil der Regeln, die ich selbst aufgestellt hatte, wieder einzuhalten. Der Besucherstrom riss nicht ab, denn ich hatte zwei Regionalzeitungen gestattet, über mein Jahr zu berichten. Irgendwie war ich all den Menschen, die mich im Dorf und auf der Straße gesehen hatten, eine Erklärung schuldig. Ich war mir nicht sicher, ob sie ahnten, was ich tat, oder ob sie mich als verrückt abgeschrieben hatten. Der Reporter von *The Peeblesshire News* lieh sich ein Outfit aus dem 18. Jahrhundert, um mich stilecht zu interviewen und sich mit mir fotografieren zu lassen. Der Bericht nahm eine Doppelseite ein, eine andere Zeitung brachte eine ganze Seite mit Fotos, meine sorgsam gehütete Anonymität war also nicht länger aufrechtzuerhalten. Die Leute sprachen mich auf der Straße an, ihre Reaktion war unglaublich positiv. Sie konnten nicht wissen, wie wichtig ihre Anerkennung für mich war, denn in dieser Phase erwog ich, das Experiment vorzeitig abzubrechen. Der außergewöhnlich schöne Herbst tat sein Übriges. Es sah tatsächlich so aus »als ob die warmen Tage niemals enden würden«, um John Keats zu zitieren. Das beschwichtigte meine Ängste vor der Dunkelheit und der Kälte etwas. Ich stürzte mich in meine täglichen Aufgaben.

Überraschenderweise konnte ich Anfang November Holunderbeeren ernten. Sie hingen in dicken violetten Trauben an den Sträuchern. In den Jahren zuvor waren sie meist noch grün von Rotdrosseln und Krummetvögeln gefressen worden. Ich machte mich sofort an die Weinproduktion. Ich besaß ein altes Rezept für gewürzten Holunderwein, das ich bereits im Vorjahr ausprobiert hatte. Der Wein wurde stark und süß, wie eine Mischung aus Port- und Glühwein. Kurz, eine ideales, wärmendes Wintergetränk, das man Gästen vorsetzen konnte. »Die Beeren sammeln, wenn sie vollreif sind und mit den Händen zerquetschen«, heißt es im Rezept. Außerdem soll man ein paar Rosinen und Gewürze zufügen. Hefe wird nicht erwähnt, die habe ich auf eigene Faust kreiert. Ich wollte keine moderne Weinhefe nehmen und hoffte, dass die Gärung durch den natürlichen Hefegehalt in den Beeren einsetzen würde. Das hatte ich im Juni erfolgreich mit Holunderblüten versucht, deren Hefegehalt bekannt ist. Primitive Völker haben sie offensichtlich zum Bierbrauen verwendet, Rückstände davon wurden in Bechern in Hügelgräbern aus der Bronzezeit gefunden. Mir ist nicht klar, wie sie die Hefe ohne Zucker zum Gären brachten, ich habe jedenfalls welchen hinzugefügt und das Gebräu sprudelte wochenlang vor sich hin. Der Wein wurde schön süffig und war bald ausgetrunken. Experten betonen, dass wir Glück gehabt haben: Wilde Hefe kann durchaus gesundheitsschädlichen Alkohol hervorbringen, deshalb sollte man nur moderne Weinhefe nehmen.

Ich hatte genug Holunderbeeren, um es auszuprobieren. Ich verteilte das Fruchtmus auf zwei Eimer, fügte jeweils Zucker sowie Gewürze hinzu und versetzte eine Hälfte mit Hefe. Vielleicht lag es an der Kälte im Cottage, auf jeden Fall begann nur die Mischung mit Hefe zu gären, und selbst diese tat es nur zögerlich. Ich trug beide Mischungen ins Wohnhaus und stellte sie bei niedriger Temperatur in den Backofen. Nun gärte die mit Hefe versetzte Mischung stärker, bei der anderen tat sich weiter nichts. Ich wollte sie nicht weggießen, also erhitzte ich sie, um zu sie pasteurisieren, ließ sie abkühlen und setzte sie erneut mit handelsüblicher Hefe an. Ich hatte mich bereits so weit von der traditionellen Herstellungsweise im 18. Jahrhundert entfernt, dass ich nicht zögerte, beide Mischungen in neuzeitliche Ballonflaschen mit Gasschleusen abzufüllen. Ich stellte sie an den wärmsten Ort, den ich finden konnte. Nach Rezept sollte der Holunderwein an Weihnachten fertig sein.

VORRAT IM NOVEMBER

Aus dem Garten: Steckrüben,
Pastinaken, Grünkohl, Rotkohl,
Rosenkohl
Aus dem Vorrat: Kartoffeln,
Zwiebeln, Karotten, Kürbis,
Äpfel
Gesammelt: Holunderbeeren

Rotkohl   Rosenkohlernte

Angesichts der nahenden Feiertage hatte ich auch Bier gebraut. Im 18. Jahrhundert konsumierten die Menschen täglich Dünnbier, hierfür nahm man nach der normalen Bierproduktion die benutzten Reste der Gerste noch einmal, um einen weiteren Sud aufzusetzen. »Echtes« Bier gab es nur an Festtagen. Ich braute beide Biersorten. Die Maische für das Dünnbier erhielt ich von einer örtlichen Brauerei, ich durfte mich dort bedienen, bevor die Reste als Kompost weggekarrt wurden. Als ich gegen Ende Oktober an der Brauerei vorbeikam, lag ein dampfender Haufen Maische vor dem Eingang. Ich füllte meinen Fischkorb bis zum Rand damit an. Im Cottage gab ich selbst getrockneten Hopfen dazu, etwas Zucker sowie Bierhefe, die ich aus herkömmlicher Backhefe gewonnen hatte. Bald gärte es erneut. Ich ließ das Gebräu einige Tage stehen, seihte es dann durch Musselin ab und füllte es in Flaschen. Ich hatte genau den richtigen Zeitpunkt erwischt. Als wir das Bier einige Wochen später tranken, hatte es eine kleine Schaumkrone und moussierte leicht. Es schmeckte hefig, aber angenehm. Das war reines Anfängerglück, denn weder mein dunkles Bier, das ich mit modernem Malz braute, noch mein zweites Dünnbier gelangen. Das Bier gärte einfach nicht und das Dünnbier wurde fade. Möglicherweise war das kühlere Wetter dafür verantwortlich, obwohl ich in einem Kochbuch von 1755 gelesen hatte, man solle Bier im Winter brauen. Das fand ich verwirrend, da der Erfolg all meiner Versuche mit Wein und Bier stets von Wärme abhängig gewesen war.

Noch heikler war das Thema Weihnachtsbraten. Meine Gänse Plum und Pudding waren mir ans Herz gewachsen, trotz meiner vollmundigen Ankündigung im August, ich würde kein emotionales Verhältnis zu ihnen entwickeln. Plums Gefieder war zu einem weichen Flaum herangewachsen, der sich sträubte, wenn sie herumwatschelte.

Sie sah wie eine Kreuzung zwischen Gans und Engel aus. Ich brachte es einfach nicht über mich, die Tiere zu schlachten. Pudding hatte kräftige Beine entwickelt, er ging seiner Lebensgefährtin überallhin voraus und war sehr wachsam. Da der Gemüsegarten nahezu vollständig abgeerntet war, beschloss ich, sie dort herumlaufen zu lassen. Sie standen immer neben mir, wenn ich im Garten Erde umgrub, und verfolgten aufmerksam jeden meiner Spatenstiche.

An einem schönen Herbstmorgen waren zwei Mädchen zum Tee bei mir, Evie und Ertha. Sie hatten die Neuverfilmung von Jane Austens *Stolz und Vorurteil* gesehen und wollten mir ihre selbst genähten Empirekleider vorführen. Ich wollte sie nicht enttäuschen, zog deshalb meine weiße Festtagsrobe aus Musselin an und erhitzte den Wasserkessel über dem Kamin im Wohnzimmer. Als wir am Tisch saßen und aus Porzellantassen Tee nippten, sahen uns die Gänse vom Erkerfenster aus. Sie watschelten die Stufen hoch und blickten uns durch die Fensterscheibe neugierig an. Die Mädchen vergaßen auf der Stelle ihre salonfähigen Manieren. Sie stürmten hinaus und rannten mit ihren langen Röcken über das nasse Gras, um den mit weit ausgebreiteten Flügeln umherhüpfenden Gänsen nachzulaufen. Die Gänse genossen das Spiel. Das besiegelte meinen Entschluss, sie zu verschonen. Ich würde sie weggeben, wenn ich im Frühjahr eine Reise antrat. Der Plan, nach meinem Jahr zu verreisen, hatte sich inzwischen festgesetzt.

Ertha ist erst sechs, aber sie wollte »Holz machen« »Lass sie nur, sie weiß, wie das geht«, sagte ihre Mutter Sarah. Ich führte Ertha in die Holzhütte, stellte sie vor den Hackblock und drückte ihr meine kleine Lieblingsaxt in die Hand. Evie machte inzwischen im Cottage Fladen. Ich lief nervös zwischen den beiden Gebäuden hin und her, aber alles ging gut. Ertha wusste wirklich, was sie tat, sie befolgte meinen Rat, die Axt mit beiden Händen zu umklammern, und hackte einen ansehnlichen Haufen Kleinholz. Das Mittagessen im Cottage begeisterte die Mädchen. Endlos viele Fragen! Ich musste ihnen die Zunderbüchse vorführen, was ich nicht gerne mit Kindern mache, falls der Funke in die falsche Richtung fliegt. Es ist schön, dass es immer noch Familien gibt, in denen Kinder mit Aufgaben betraut werden. Ich sagte ihnen, sie hätten einer Schulmeisterfamilie des 18. Jahrhunderts Ehre gemacht. Dabei hatte ich die Geschichte eines Schulmeisters in Traquair vergessen, der alle Hausarbeiten von seinen Schülern verrichten ließ. Die Eltern beschwerten sich beim Gutsherrn » ihre Kinder müssten Späne hobeln und Farne für das Strohdach sammeln« Wie viel sich in 200 Jahren verändert hat, heutzutage erledigen Kinder höchstens den Abwasch.

Evie und Ertha waren großartige Gäste. Ihre Mutter Sarah las, während die Mädchen arbeiteten. Als das Wetter garstig wurde, rief ich mir Tage wie diese in Erinnerung. Manchmal schüttete es derart heftig, dass ich das Gefühl hatte, wir müssten nun für die warmen Tage zu Beginn des Monats büßen. In dem Gedicht *Schottland* von Alastair Reid erwidert eine alte Frau auf den Jubel über den Sonnenschein: »Wir werden dafür bezahlen! Wir werden dafür bezahlen! Wir werden dafür bezahlen!« Diesen Trübsinn konnte ich nun nachvollziehen. Im Hof bildeten sich Pfützen, der Pfad zur Holzhütte wurde schlammig. Die Welt nahm die düsteren Farbtöne des Winters an: Die Blätter am Boden wurden dunkelbraun, die graue Asche des Freudenfeuers wurde schwarz, die Hügel waren tiefschwarz oder in niedrige Wolken gehüllt. Ich klammerte mich an den Gedanken, es seien nur noch wenige Wochen, doch ich verabscheute die Abende im Cottage zusehends.

Letztes Laub im November.

Diese kleinen Bürsten sind praktische Geschenke. Ich brachte auch Kräutersäckchen mit.

Ich bekämpfte diese Antipathie, indem ich meine Nachbarn häufiger besuchte. In der wärmeren Jahreszeit hatte ich Näharbeiten mitgenommen, beim Nähen kann man gut plaudern, aber jetzt gab es nichts mehr von Hand zu nähen. Schließlich kam ich auf die Idee, Weihnachtsgeschenke für jedermann zu fertigen. Die heilsame Arbeit würde mein Unbehagen vertreiben! Am nächsten Tag stapfte ich den Hügel hinauf, bewaffnet mit einem scharfen Messer, um Heidekraut zu schneiden, und mit meinem Fischkorb auf dem Rücken. Bald fand ich, was ich suchte: verholztes Kraut mit langen, gerade gewachsenen Seitentrieben, die man zu kleinen Bürsten binden konnte. Ich hackte vergeblich mit meinem Messer auf sie ein, ich hatte das falsche Werkzeug mitgenommen. Zum Glück hatte ich noch die Gartenschere in den Korb gesteckt. Diese modernen Gerätschaften sind für uns selbstverständlich geworden. Selbst Ungeübte können mit einer Gartenschere alle möglichen Arbeiten ausführen, für die man früher viel Erfahrung brauchte.

Das zu schmalen Bündeln gebundene und gestutzte (wieder mit der Gartenschere, meine Authentizität schwand dahin) Heidekraut ergab brauchbare Bürsten. Eine ersetzte sogleich eine Bürste aus nachlässig verschnürten Zweigen, die ich mehrere Monate lang zum Abwaschen benutzt hatte. Die restlichen wurden bis Weihnachten weggepackt. Ich hatte noch Kattun, den ich bis dato nicht gebraucht hatte. Daraus lassen sich Einkaufstaschen fertigen, dachte ich. Der ungebleichte Baumwollstoff war schnell zugeschnitten, doch als ich die zwölf ungenähten Taschen vor mir hatte, stockte ich. In einer dunklen Nacht, als es wieder einmal in Strömen regnete, ging ich ins Wohnhaus und setzte mich an die Nähmaschine. Ich war sogar versucht, das Radio einzuschalten, ich gab dieser Versuchung jedoch nicht nach, es reichte schon, dass ich die wunderbare Singer-Technik genießen durfte. Ich dachte darüber nach, wie stark diese Erfindung das Leben der Frauen gewandelt hat. Vor der Einführung der Nähmaschine musste alles, von der Kinderkleidung bis zur Tischwäsche, mühsam von Hand genäht werden. Lady Elphinstone soll um 1730 die Unterkleider für ihre Töchter an einem einzigen Tag genäht haben. Was für eine Leistung! Ich habe für mein Unterhemd Tage gebraucht und meine Stiche sind ungelenk im Vergleich zu jenen feinen, regelmäßigen, die von den Frauen einst erwartet wurden.

Hinzu kam noch das Kämmen und Spinnen von Wolle. Beides hatte ich mit mäßigem Erfolg versucht. Meine Bewunderung wuchs aufs Neue. Ähnlich respekteinflößend waren die unzähligen Handgriffe, die getan werden mussten, bis man Flachs spinnen konnte. Lady Grisel Baillie, die zu Beginn des 18. Jahrhunderts in Mellerstain House an der schottischen Grenze lebte, verzeichnete in ihrem Haushaltsbuch, wie häufig sie ihr Personal ermahnen musste, mit der Spinnerei vorwärtszukommen. Die Hauswirtschafterin der Lady war angewiesen worden, Wasch-, Milch-, Haus- und Küchenmädchen zum Spinnen anzuhalten, wenn sie gerade keine anderen Pflichten hatten. Die Frauen arbeiteten vermutlich an Spinnröcken; Spinnräder wurden erst in den 1730ern eingeführt und es dauerte nochmals 30 Jahre, bis sie in ganz Schottland verbreitet waren. Mit dem Spinnrad konnte man viermal so viel Wolle spinnen wie im gleichen Zeitraum mit einem Spinnrock, das war ein großer Fortschritt. Noch fortschrittlicher waren die Maschinen, die in Baumwollspinnereien wie in New Lanark

ARBEITEN IM NOVEMBER

Den Gemüsegarten von abgestorbenen Pflanzenteilen befreien und diese auf den Kompost geben.
· Eine Wagenladung Dünger bestellen und diesen auf den Beeten ausbringen. Er dient auch als Mulch, wenn man ihn abdeckt, ziehen die Würmer den größten Teil unter die Erde und lassen humusreichen Boden zurück.
Günstiger Zeitpunkt, um neue Beete, Pfade oder einen Gartenteich anzulegen.

Bis auf das Lauchbeet sieht mein Garten im November recht kahl aus.

Die Spinnerei in New Lanark.

Spinnen von Hand am Spinn-rock.

standen. Es muss sich wie ein Befreiungsschlag angefühlt haben, als die Frauen endlich Garn kaufen oder selbst gesponnenes Garn in eine Weberei geben konnten. Die
Mutter der Hauptfigur Maggie Tulliver in dem Roman *Die Mühle am Floss* von George
Eliot hatte selbst gesponnenen Leinenzwirn zu Laken für die Aussteuer ihrer Tochter
machen lassen. Durch den finanziellen Ruin der Familie geht sämtliches Hab und Gut
verloren, den Verlust des Leinens betrauert die Mutter am meisten. Das finde ich sehr
bezeichnend.

Eine weitere Romanfigur liefert den schönsten Ausspruch über Leinen. In Elizabeth Hamiltons *The Cottagers of Glenburnie* (1822) äußert Mrs. MacClarty: »Wir sind
keine solchen Narren, die ihre Tischwäsche gebrauchen. Ich habe in diesem Schrank
ein Dutzend Tischtücher, die 30 Jahre alt sind, die niemals auf einen Tisch gelegt wurden!« Dem makellosen Zustand nach, in dem so manche Tischwäsche Jahrhunderte
überdauert hat, ist sie tatsächlich nicht benutzt worden. Derartiger Dünkel war in
ärmeren Familien vor der Industriellen Revolution sicher nicht verbreitet. Die Frauen
mussten im Familienalltag so viel körperlich harte Arbeit verrichten, dass sie sich
wahrscheinlich keine zusätzliche Mühe aufgehalst haben.

Ich war mehrere Nächte lang damit beschäftigt, zwölf Taschen mit bunten Hen-
keln auf der Maschine zu nähen. Weitere zwei Nächte vergingen mit der Herstellung
von Kräutersäckchen zum Verschenken. Ich füllte sie mit Kamille, Pfefferminze und
Lindenblüten. Diese Beschäftigung im Licht und in der Wärme half mir, das Einerlei
und die Dunkelheit im Cottage zu vergessen.

KAPITEL 14
Endspurt

ICH HATTE IMMER NOCH ein schlechtes Gewissen, weil ich nicht hundertprozentig wie im 18. Jahrhundert lebte, obwohl ich mich an die wichtigsten Vorgaben hielt. Ich ernährte mich nach wie vor von Obst und Gemüse aus eigenem Anbau, legte mich abends auf meine unbequeme Strohmatratze und erhob mich im trüben Morgenlicht des Winters, um einsam mein Porridge zu verspeisen. Ich ging weiterhin überall zu Fuß hin und zwang mich, mein Gewand zu tragen. Ich fühlte mich zusehends wie eine Nonne oder wie eine Gefangene, die die Tage bis zu ihrer Freilassung zählt. Als Ausgleich für die Nächte, die ich beim Nähen im warmen Wohnhaus verbracht hatte, legte ich mir einen Gewaltmarsch auf. Mein Ziel war zwar nur das Dorf, doch es würde guttun, von einem neuen Punkt aus ins Tal hinunterzublicken. Ich wollte eine gänzlich andere Route als sonst nehmen und war gespannt, wie es mir auf den Wegen im Winter ergehen würde. An einem frostigen Morgen ging ich querfeldein, ich wollte die östlich gelegenen Hügel umkreisen. Ich erklomm die weitläufigen Weiden, die vom Curly Burn aus ansteigen, und kam an den Ruinen von Shillinglaw vorbei. Am einstigen Erdwall des mittelalterlichen Befestigungsturms ist eine Esche, die schon dort gestanden haben muss, als die Anlage im 18. Jahrhundert verlassen wurde. Umrisse des Verteidigungswalls sind immer noch zu erkennen, die kleinen Umfriedungen müssen Felder gewesen sein und neben der Turmruine befindet sich ein terrassenförmig angelegter Grund, der sicher der Gemüsegarten war.

Nicht weit von Shillinglaw, dort wo sich ein Waldstreifen ins Damhead Tal hinunterzieht, liegen weitere alte Umfriedungen und ein Bruchsteinhaus. Vor 15 Jahren hatte es noch ein Strohdach. Die Einheimischen nennen es »Lammhaus«. Einst wur-

Die blasse Dezembersonne bringt die von Raureif überzogenen Gräser zum Leuchten.

NATURBEOBACHTUNGEN

1. Dezember. An einem Fenster hat sich höchst unwillkommene Gesellschaft eingefunden: Hausschwamm!

24. Dezember.
Bäume benötigen
keinen Weihnachts-
schmuck: Das hat
die Natur bereits
erledigt.

29. Dezember.
Habe eine Lachs-
flosse im Fluss
erspäht, sie wandern
wieder!

den die Schafe im Sommer zum Melken in eine Einfriedung getrieben, die in eine andere überging, damit die Muttertiere von den Lämmern getrennt werden konnten. Im Lammhaus befanden sich vermutlich Milcheimer und andere Gerätschaften.

Ich stieg den Hügel hinab und stieß auf mein erstes Hindernis: Über einen Bach hätte ein Steg führen sollen, doch da war keiner mehr. Aufgrund der starken Regenfälle in den letzten Tagen war das Wasser recht hoch. Ich wollte nicht bis zur Straßenbrücke wandern und ging ein wenig flussaufwärts, wo ich eine Weide vorfand, die über den Bach gewachsen war. Ich balancierte vorsichtig über den Weidenstamm, indem ich mich an den Schösslingen festklammerte, meine langen Unterröcke verfingen sich ständig im dichten Laubwerk, es war wirklich ein gewagtes Unterfangen.

Hügelaufwärts fand ich einen Weg durch einen alten Steinbruch. Links und rechts vom Pfad lag das Gerümpel von ganzen Farmergenerationen: Landwirtschaftsgeräte aus dem 19. Jahrhundert, alte Reifen, verfaulte Gummistiefel und ein rostiger Wasserkessel, der ein Vogelnest beherbergte – ein Bild wie von einer sentimentalen Geburtstagskarte.

Jenseits der Hochebene, in die ich jetzt kam, war ein Wäldchen, das ich durch-
queren wollte, was sich als schwierig erwies. Denn in dem Wäldchen war eine
tiefe Schlucht versteckt, die ich umgehen musste. Ich kämpfte mich mühsam durch
dichtes Unterholz und durch Schonungen mit jungen Eschen, bis ich an der Straße
nach Minchmuir herauskam. Dort war ich bei meiner Wanderung zum Meer (siehe
Seiten 116–120) entlanggekommen.

Als ich aus dem Wäldchen heraustrat, durchbrachen Sonnenstrahlen die Wolken.
Sie warfen lange Schatten auf die Felder und tauchten schwarze Rinder in Licht, die
auf der anderen Seite des Tals an einem Heucontainer standen. Von der Ferne erinner-
ten mich die Tiere an Trockenfrüchte in einem Weihnachtskuchen. Ich hatte nun die
Wahl zwischen zwei Marschrouten, entweder bergauf und durch den Wald über die
Hügel zum Fluss Tweed oder quer über die Felder. Ich entschloss mich für einen Mit-
telweg und steuerte den Wall an, der die eingezäunten Felder vom einstigen Bergwei-
deland trennt, das heute forstwirtschaftlich genutzt wird. Mein nächstes Etappen-
ziel waren zwei Eichenhaine, die ich seit über 20 Jahren wahrgenommen, aber noch

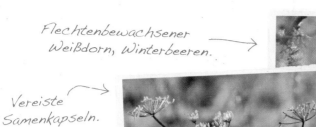

Flechtenbewachsener
Weißdorn, Winterbeeren.

Vereiste
Samenkapseln.

Winterland-
schaft in der
Sonne.

nie aus der Nähe betrachtet hatte. Die oberen Äste der Eichen waren von Flechten
überzogen, die das zitronengelbe Licht der Wintersonne wunderbar einfingen. Zu
meiner Überraschung wuchsen dort auch Espen. Diese hübschen Bäume waren früher in Schottland weit verbreitet, heute findet man sie nur noch selten. Die zarten,
langstieligen Blätter bewegen sich beim leisesten Windhauch, Espen werden völlig
zu Recht auch Zitterpappel genannt, daher stammt auch der Ausdruck »wie Espen-
laub zittern«.

Über dem Eichenhain entdeckte ich einen Pfad. Ich schlug mich durch Brombeer-
sträucher zu ihm hindurch und kletterte dabei ein steiles Stück eines Radwander-
wegs hinauf. Es handelte sich um einen Abschnitt einer abenteuerlichen Mountain-
bike-Route, auf dem wagemutige Jugendliche den Hang hinunterjagen. Zum Glück
war weit und breit kein wild gewordener Mountainbikefahrer zu sehen, und ich
erreichte wohlbehalten den Hochweg, der etwa zwei Kilometer lang eben verlief. Ich
wusste allerdings nicht, wo ich ihn verlassen musste, um zum Tweed hinabzusteigen.
Schließlich sah ich weiter unten ein Birkenwäldchen, das mir vertraut vorkam, und
einen Trampelpfad, der durch Kahlschlag dorthin führte. Leider endete der Weg
irgendwann und ich musste durch dichtes Gestrüpp und über am Boden liegende
Baumstämme steigen, bis ich an einer zugewucherten Wiese an einem Bach ankam.
Von da an war der Abstieg leicht. Er führte mich durch eine Landschaft, die mir bis
jetzt entgangen war. Überall standen Weißdorne und Birken, Ginsterbüsche brachen
durch das Gras, hier war die Wildnis dabei, kultiviertes Land zurückzuerobern. Das
wäre bei dem intensiven Ackerbau, der früher betrieben wurde, niemals zugelassen
worden.

Die nächste Barriere war der Tweed, den ich problemlos zu überwinden hoffte, weil es dort, wo ich war, eine alte Eisenbahnbrücke gab. Ich war diese Strecke jedoch sehr lange nicht gefahren und hatte nicht bemerkt, dass sie gerade zur Fußgänger- und Fahrradbrücke umgebaut wurde. Die Stahlträger waren noch da, aber die Eisenbahnschwellen waren entfernt worden. An ihrer Stelle befand sich eine wacklige Laufplanke, die etwa zwei Meter vor dem ersten Stahlträger endete, damit Dummköpfe wie ich davon abgehalten wurden, hinüberzugehen. Nun, ich würde mich nicht davon abhalten lassen! Ich schürzte meine durchnässten Röcke, klammerte mich an das seitliche Stahlgeländer und tastete mich rasch an einer Leiste entlang, die an die Planke angrenzte. Es war ein aufregender Balanceakt über den Fluten. Mir klopfte das Herz bis zum Hals. Glücklicherweise waren keine Arbeiter in Sicht, die meiner wilden Jagd über den Fluss hätten Einhalt gebieten können.

Geschafft! Noch 500 Meter entlang der stillgelegten Eisenbahnschienen und ich war im Dorf. Es war Mittagszeit. Ich taumelte in ein Café und bestellte eine Suppe. Auf der Straße hätte ich für diese Strecke 45 Minuten gebraucht, mein Gewaltmarsch hatte zweieinhalb Stunden gedauert, was sich durch meinem Appetit bemerkbar machte. Ich betrachtete die Landkarte der Region an der Wand des Cafés und war stolz, jeden Baum und Strauch in meiner Heimat zu kennen. Wer kann das heutzutage schon von sich behaupten? Farmer begehen nur ihr eigenes Land. Spaziergänger bleiben auf den Wegen. Hundebesitzer haben ihre angestammten Routen. Es gibt nur

Die Überquerung des Tweed ohne Brücke erforderte Beweglichkeit und Einfallsreichtum.

Die alte Eisenbahnbrücke war für mich genug Abenteuer.

wenige, die ihren Landstrich genau kennen oder die eine Stadt zu Fuß erkunden. Ich war froh, dass mir meine unmittelbare Umgebung nun vertrauter war. Dadurch entwickelte ich ein besseres Gefühl für den Zusammenhang zwischen ihrer Gegenwart und ihrer Vergangenheit. Einige Wochen später prahlte ich vor ein paar alten Leuten, die ich unterwegs traf, mit meinem Wissen und wurde beschämt. Sie kannten jeden Pfad und hatten jeden Hügel in der Gegend bestiegen. Trotz ihres Alters wanderten sie noch jeden Tag. Mein Geheimwissen war für sie nichts Besonderes.

Während ich mit den Vorbereitungen für das Weihnachtsfest beschäftigt war, hatte ich kaum einen Gedanken daran verschwendet, ob ich es überhaupt feiern sollte. Ich begann erst Mitte Dezember, etwas über die Geschichte des Christfests in Schottland nachzulesen. John Knox, der strenge Begründer der presbyterianischen Kirche, hatte es um 1570 wegen der Verbindung zum katholischen Glauben untersagt. Diese Verordnung wurde erst 1958 widerrufen, nach 375 Jahren wurde Weihnachten in Schottland zum Feiertag erklärt. Der Bann der »närrischen Tage« wurde aber nicht strikt eingehalten. Vielerorts feierte man nach altem Brauch heimlich Weihnachten.

In katholischen und bischöflichen Gemeinden, besonders in den Highlands, buk man weiterhin unverhohlen Weihnachtskuchen (Rosinenfladen, Pfefferkuchen und Mürbegebäck), führte Weihnachtsspiele auf und ging zum Sternsingen. Manche feierten sogar zweimal. Am 1. Januar 1600 war der Gregorianische Kalender vom Geheimen Rat in Schottland eingeführt worden, zwei Jahrhunderte später hielten sich einige Familien noch immer an die Feiertage nach dem Julianischen Kalender. Elizabeth Grant war im ersten Jahrzehnt des 19. Jahrhunderts ein Kind und besuchte mit ihrer Familie Freunde, um Weihnachten und Silvester zu feiern. Danach »gingen wir nach Hause und feierten Weihnachten im alten Stil, die fröhlichste Jahreszeit in den Highlands. Es waren lustige Freudentage unter Freunden, Gottesdienste wurden nur an Sonntagen abgehalten.«

In den Highlands mag sich John Knox nicht erfolgreich durchgesetzt haben, doch im presbyterianischen Südwesten war sein Einfluss dafür umso stärker spürbar. Meine Vorfahren Anne und William Houston lebten in Galloway. Als Engländerin hat sie sich sicher auf Weihnachten gefreut und ich kann mir ihre Enttäuschung vorstellen, als sie begriff, dass es keine Vorbereitungen dafür geben durfte. Selbst an Neujahr ging es dort ruhig zu. Trotzdem müssen sie ihren Besuchern am Neujahrstag etwas angeboten haben, diese alten Traditionen waren tief verwurzelt. Der Gedanke an den Holunderwein, den ich Gästen vorsetzen konnte, tröstete mich. Ich hoffte für Anne, dass ihr Haushalt über etwas Ähnliches verfügt hatte.

Ich überlegte, was ich wegen des Weihnachtsscheits tun könnte. In einigen Teilen Schottlands war es Brauch, für Weihnachten einen besonders guten Eichenstamm nach Hause zu schaffen. Ich hatte ein Foto von 1937 gesehen, auf dem ein Farmer in Perthshire seinen Julklotz auf einen Schlitten geladen hatte, den sein Pony dann durch den Schnee nach Hause zog. Aber ein Holzstamm kann nur in Kaminfeuer verbrannt werden. Herde sind dafür nicht geeignet, wie ich aus eigener, leidvoller Erfahrung wusste, weil ich mein Holz stets kleinhacken musste. Doch die Idee ließ mich nicht mehr los. Eigentlich handelt es sich um eine heidnische Sitte. Das Scheit wurde mit einem glühenden Holzbündel angezündet, das man vom Vorjahresscheit aufgehoben hatte, »ein Widerhall der Unantastbarkeit des heiligen Feuers«, wie es der schottische Anthropologe James Frazer in *Der Goldene Zweig* (1890) formulierte. In manchen Gegenden der Highlands wurde dem Scheit die Form von Cailleach verliehen. Das ist eine alte Frau, die einen Wintergeist darstellt. Das geschnitzte Scheit wurde feierlich in die Mitte des Kamins gelegt, die Familie saß darum herum, trank Ale und scherzte. Das hätte die Presbyterianern schön geärgert!

Bald war das Problem erledigt, denn Jane und Martin luden mich für den ersten Weihnachtsfeiertag zu sich ein. Am Heiligen Abend würden Ben und Caroline kommen. Die *Wigilia* wurde bei uns immer mit einer speziellen Zeremonie zum Gedenken an meinen polnischen Ehemann Andy begangen. Am nächsten Morgen würden mich die beiden zu meinen Freunden fahren. Die Aussicht, einmal herauszukommen, war einfach zu verlockend. Ich nahm die Einladung an und nahm mir vor, am zweiten Weihnachtsfeiertag zurückzukehren. Das abgelegene Haus von Jane und Martin im Lake District hatte keinen Strom, ich konnte mir keinen passenderen Ort vorstellen, um Weihnachten zu feiern. Die beiden waren meine ersten Gäste im Cottage gewesen, es wäre schön, den Ausklang dieser außergewöhnlichen Jahres mit ihnen zu verbringen.

Bis dahin gab es aber noch eine Menge zu tun. Ich plante ein Fest zur Wintersonnenwende, zu dem ich einige Freunde einladen wollte, die mein Experiment unterstützt hatten. Außerdem musste ich meinen letzten Artikel für *The Herald* schreiben, der zwischen Weihnachten und Neujahr erscheinen sollte. Ich brüstete mich darin, wie gesund ich das ganze Jahr über gewesen bin. Wie leichtsinnig! Mein Tagebuch erzählt vom tiefen Fall nach diesem Hochmut:

Die Eulen waren die einzigen Zeugen meines heimlichen Umzugs: In Schals gehüllt huschte ich in den frühen Morgenstunden über den mondbeschienenen Hof ins Wohnhaus. Ich hatte zwei Tage lang Bauchgrimmen gehabt, das ich auf den Genuss einer verdorbenen Räuchermakrele zurückführte. Nun war die Kolik ausgebrochen und ich flüchtete in die Wärme, ins Licht und zu den sanitären Einrichtungen des Hauses.

Ich habe versucht, mich zwischen den Darmattacken auf der Küchenbank auszuruhen, kann aber nicht schlafen. Ich muss immer daran denken, wie schrecklich es damals gewesen sein muss, Darmprobleme zu haben. Musste sich Anne Houston mit Fieber durch den eisigen Wind bis zum Misthaufen schleppen? Oder benutzte sie einen Eimer im Cottage? Bei diesem Gedanken verstärkte sich mein Schüttelfrost, den die Kolik verursachte. Es gibt ein paar Dinge im Leben, die sich in den letzten 200 Jahren eindeutig verbessert haben.

Ich habe es endgültig satt, bei Kerzenlicht zu lesen und mit einem Federkiel über das Papier zu kratzen. Ich will auch nicht mehr ständig frieren, schmutzige Hände und aufgescheuerte Schienbeine vom Holzhacken und -schleppen haben. Ich bin dermaßen erleichtert, dass ich keinen großen Abwasch mehr machen muss. Ich brenne darauf, unbeschwert zu reisen.

Trotz dieser (körperlichen und geistigen) Krämpfe hielt ich mir auch die positiven Seiten meiner Erfahrung vor Augen. Ich fand es herrlich, Probleme durch Einfallsreichtum – und nicht durch Geld – zu lösen. Den Auftakt dazu bildete das Abtropfgestell, das ich im Januar gebastelt hatte. Ich hatte mannigfaltige Fertigkeiten erworben, darunter wie man Gallustinte herstellt, einen Federkiel schneidet, Kleidung mit Flechten färbt, Wolle spinnt, Bier braut, Flickenteppiche macht und einfache Tischlerarbeiten ausführt. Kürzlich hatte ich einen Vorhang aus Harris-Tweed genäht, den mir jemand freundlicherweise überlassen hatte. Der Vorhang hielt den eisigen Luftzug am Fenster ab, das in den Nordwesten geht. Wenn ich nun bei Kerzenlicht an meinem kleinen runden Tisch saß und Rosmarintee trank, fühlte ich mich etwas geborgener. Inzwischen trug ich gewissenhaft meine gesamten Unterröcke, ohne sie wäre ich erfroren.

Ich mochte es auch, Selbstversorger zu sein. Ich habe in diesem Jahr keinen einzigen Supermarkt betreten. Ich habe auch keine industriegefertigten Lebensmittel gekauft (sofern man Bücklinge, Haferflocken und Gerstenmehl nicht als solche gelten lässt), und nur wenige Grundzutaten. Ich hatte ohne Schokolade, Bananen, exotische Früchte, importiertem Gemüse sowie Kaffee gelebt, obwohl ich den für Besucher im Haus hatte und gelegentlich eine Tasse trank. Nichtsdestotrotz hatte ich mich gut und abwechslungsreich ernährt, auf der Basis von Obst und Gemüse aus eigenem

VORRAT IM DEZEMBER

Aus dem Garten:
Steckrüben, Pastinaken,
Lauch, Grünkohl,
Weißkohl, Rosenkohl

Aus dem Vorrat: Kartoffeln,
Zwiebeln, Karotten, Rote
Bete, Trockenerbsen und
-bohnen, Äpfel

Eine Schnecke an
meinem Rosenkohl
sowie Zwiebelstrang
im Cottage.

BRATÄPFEL

Einige Äpfel vom Kerngehäuse befreien und mit Rosinen, Nüssen, etwas Honig, Mincemeat (Trockenfrüchte mit Sirup) und Konfitüre füllen. Ich vermische gerne 2 Teelöffel Konfitüre mit einem gestrichenen Teelöffel gemahlenem Koriander (Koriander wurde in Schottland wahrscheinlich bereits von den Römern und Kelten benutzt. Jedenfalls kam er durch europäische Siedler in die USA, das deutet darauf hin, dass das Gewürz in Europa lange bekannt war. In England wurde es erst in den 1970ern wiederentdeckt.).

Die Äpfel etwa 30 Minuten bei mittlerer Hitze im Ofen backen. Da ich im Cottage keinen Ofen hatte, gab ich die Äpfel zusammen mit etwas Wasser in eine schwere Pfanne und garte sie zugedeckt sehr langsam. Das ging ganz gut.

Anbau. Es kam mir vor, als hätte ich reichlich gegessen, trotzdem war ich um gute sechs Kilo leichter, als das Jahr vorüber war. Ich fühlte mich auch robuster und energievoller. Bei dieser Lebensweise sitzt man nie länger still, daher kann man auch kein Fett ansetzen. Wenn ich nicht im Cottage oder im Garten arbeitete, ging ich rasch ins Dorf, um meine knappen Einkäufe zu erledigen. Dieser Spaziergang fehlte mir später, meine Familie behauptete, ich sei so unruhig wie ein Hund mit zu wenig Auslauf.

Meine Arbeit für die Austellung über die Ernährung in Schottand bildete den Prüfstein des ganzen Projektes. Ich musste nebenher meine Recherchen anstellen. Ich sah deutlich, wie wir durch Supermärkte zu trägen, abhängigen Wesen werden. Das war der Auslöser für meine Rückkehr ins 18. Jahrhundert. Ich wollte herausfinden, wie es sich anfühlt, autark zu leben. Die Ernährung war dabei kein Problem, der Garten versorgte mich und meine Gäste, die mir manchmal Leckereien mitbrachten. Ich hatte nur Milchprodukte, Zitronen, Speck, Innereien vom Schaf und Räucherfisch gekauft. Sowie englische Äpfel, weil die schottische Ernte 2005 so schlecht war.

Die schlechte Apfelernte bringt die damaligen Unwägbarkeiten ins Bewusstsein. Ich konnte das ganze Jahr über auf meinen Gemüsevorrat von 2004 zurückgreifen. Doch 2005 war es viel zu trocken. Was zur Folge hatte, dass der Lauch spindeldürr und der Weißkohl klein war, die Karotten waren von Fliegenlarven befallen und selbst die Zwiebeln verfaulten. Nur die Kartoffeln waren erstklassig. Wenn ich im Folgejahr bis zum Juni auf meine Ernte von 2005 angewiesen gewesen wäre, wäre ich zwar nicht verhungert, doch mein Speiseplan wäre auf Porridge, Fladen, Kartoffeln und Grünkohl reduziert gewesen. Im 18. Jahrhundert gab es viele katastrophale Erntejahre.

1782 mussten die Händler einer benachbarten Gemeinde ihr Werkzeug verkaufen, um Nahrungsmittel erstehen zu können. 1795, 1799 und 1800 waren die wohlhabenderen Leute im Tweed Valley gezwungen, Getreide zuzukaufen, um die schlechten Ernten auszugleichen. Meine von mir gerühmte Selbstversorgung ist im gnadenlosen Klima Schottlands mit hohen Risiken verbunden.

James Hutton (1726–1797), der als »Vater der britischen Geologie« gilt, spielte Mitte des 18. Jahrhunderts mit dem Gedanken, ein Gehöft in Berwickshire zu errichten. Er beschrieb die Gegend als »verwunschenen Landstrich, in dem man alles aus einem rauem Quaderstein formen und jeden Zoll Boden einem Felsen abringen muss«. Er meinte bald, er habe sich »bereits in einen Halbwilden verwandelt«. Wenn ich zuweilen im Dunkeln nach Zunderbüchse und Kerze tastete, Papiere in einer Steinkiste suchte oder meine widerspenstige Strohmatratze glätten wollte, teilte ich seine Empfindungen. Hutton war der einzige Mann der schottischen Aufklärung, mit dem ich mich näher befasst habe, für Hume und Smith hat meine Energie leider nicht gereicht. Ich war viel zu sehr mit praktischen Dingen beschäftigt. Ich las Reiseberichte und durchforstete Literatur nach häuslichen Details. So hat mich zum Beispiel brennend interessiert, was Elizabeth Bennett in Janes Austens *Stolz und Vorurteil* zu Abend aß (der Roman wurde 1812 verfasst, war also zeitlich nicht allzu weit von meiner Welt entfernt). Welche abstrakten Gedanken Elizabeth möglicherweise hegte oder wie es in ihrem Herzen aussah, fand ich weniger spannend.

HIRSCHKEULE

Dieses Rezept stammt aus meinem alten Kochbuch. Ich konnte es im Cottage wegen des fehlenden Ofens zwar nicht zubereiten, es sollte hier aber nicht fehlen.

Für das Fleisch für 6 Personen:
- 1 kleine Hirschkeule, in dicke Medaillons geschnitten
- 2 Zwiebeln, grob gehackt
- Butter
- ½ Flasche Weißwein
- 2 Streifen Zitronenschale
- Muskatblüte

Für die Kruste:
- 120 g Semmelbrösel
- abgeriebene Zitronenschale
- getrocknete Kräuter
- etwas Weißwein oder Apfelwein

Fleisch und Zwiebeln in einem schweren Topf in Butter anbräunen. Weißwein, Zitronenschale und etwas Muskatblüte zugeben. Zugedeckt 3 bis 4 Stunden simmern lassen. Die Medaillons herausnehmen und auf einer feuerfesten Platte auslegen. Zutaten für die Kruste vermischen und auf dem Fleisch verteilen. Im Ofen bei mittlerer Hitze etwa 20 Minuten überbacken, bis die Brösel gebräunt sind.

Für die Sauce:
- Mehl zum Binden
- Salz und Pfeffer
- Zucker (optional)

Außerdem:
Petersilie zum Garnieren

Die Garflüssigkeit des Fleisches erhitzen und mit Mehl binden. Mit Salz und Pfeffer würzen. Eventuell einen halben Teelöffel Zucker zufügen. Das Fleisch auf der Platte servieren und mit Petersilie garnieren. Die Sauce extra dazu reichen.

HAFERPUDDING

Dies ist eine überraschend gute Variante eines gedämpften Puddings.
Hafermehl ist zudem leichter als Weizenmehl. Das Rezept ist für
4 bis 6 Personen berechnet.

1 Liter Wasser
250 g getrocknete Johannisbeeren oder gemischte Trockenfrüchte
60 g Zucker
abgeriebene Zitronenschale
gemahlener Zimt
gemahlene Muskatnuss
gemahlene Nelken
Brandy nach Geschmack
180 g feines Hafermehl

Wasser zum Kochen bringen und alle Zutaten einrühren, das Hafermehl
zum Schluss. Zu einer dicken Paste kochen. In eine gut gebutterte
Schüssel füllen und diese mit Folie oder Pergamentpapier luftdicht
verschließen. Die Schüssel ins Wasserbad stellen und den Pudding etwa
1 Stunde garen. Danach vorsichtig auf einen vorgewärmten Teller stürzen.

Arbeiten im Dezember

Nicht um den Garten kümmern,
sondern festliche Menüs planen.

Weiterhin selbst gemachte
Geschenke fertigen.

Vögel füttern
nicht
vergessen!

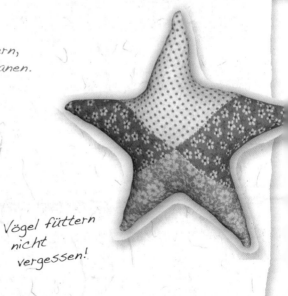

Stechpalmen und Efeu gehören seit Jahrhunderten zum Wintersonnenwendfest. →

Und wie habe ich meine Rückkehr ins 21. Jahrhundert zelebriert? Also, zunächst gab es zur Wintersonnenwende am 21. Dezember mittags ein Festmahl für meine Freunde. Ich studierte eingehend ein Kochbuch, das 1755 erschienen war, und plünderte dann das Tiefkühlgerät. Ich hatte keine andere Wahl, schließlich hatte ich es nicht fertiggebracht, die Gänse zu schlachten, und irgendwelche erfolgreichen Jäger waren in letzter Zeit auch nicht vorbeigekommen. Ich nahm einen schönen Hirschbraten und legte ihn in ein wenig Holunderwein ein. Dann schmorte ich ihn langsam im Topf auf dem Herd und bereitete gleichzeitig einen Haferpudding zu. Dieses einfache Rezept enthält herrliche Gewürze sowie Trockenfrüchte und der Pudding schmeckt hervorragend. Als Gemüsebeilage gab es Lauch, Grünkohl und reichlich Kartoffeln, damit man die Sauce auftunken konnte.

Schließlich die Silvesterparty. Ich dekorierte die Cottagetür mit Stechpalmen: Einst glaubte man, die Stachelzähne der Blätter würden böse Feen fernhalten. Wir waren fast 30 Personen und drängten uns auf den Bänken im Cottage zusammen. Ich konnte keinen Geigenspieler auftreiben, also sorgten wir selbst für Unterhaltung: Jeder musste ein Lied singen, ein Gedicht vortragen oder eine Geschichte erzählen. Meine Schwester trug ein fröhliches Lied vor, einige Nachbarn sangen zusammen einen Kanon. Andere lasen Gedichte vor oder Ausschnitte aus Geschichtsbüchern. Mein zuverlässiger Dachdecker Al gab einen Song von Ian Dury zum Besten, und brachte mich dadurch in eine Welt zurück, die ich nicht nur während des letzten Jahres, sondern viele Jahre lang vergessen hatte. Ich reichte Fladen und Brühe, Bier (nicht mein

197

selbst gemachtes) und natürlich Whisky. Kurz vor Mitternacht hielt ein Freund von mir einen erhellenden Vortrag über James Hutton und andere Männer der Aufklärung. Ich schlich mich hinaus; ich hatte genau vier Minuten, um mich vom Aschenputtel in einen normalen Menschen zu verwandeln. Im Schlafzimmer des Wohnhauses stieg ich aus meinem Gewand, löste mein Haar (ich hatte es zuvor mit *Shampoo* gewaschen) und zog ein verführerisches Kleid über. Ich schritt gerade die Treppe hinab, als Rams traditionelle Silvesterrakete in die Luft schoss. Meine Gäste versammelten sich in der Eingangshalle. Ich stand wieder im Licht und in der Wärme, auf mich warteten Champagner, Musik und erlesene Speisen.

Am nächsten Morgen, als die Gäste abgereist waren, grübelte ich darüber nach, wie schnell mich das Auto wohl korrumpieren würde, nachdem ich ein Jahr lang nur zu Fuß oder mit dem Bus unterwegs gewesen war. Und wie sehr ich die stillen Abende im Kerzenschein, die häufigen Aufenthalte im Freien und meine wenige Habe vermissen würde. Doch wie der Reporter des *Herald* so treffend bemerkt hat, als er mich vorigen Dezember interviewt hat: Mein Wohnhaus ist auch archaisch. Ich habe keine Designerküche, ich bin von Steinfliesen umgeben und arbeite an einem Landhaustisch. Doch es gab Licht, Musik und den herrlich warmen, praktischen Rayburn-Ofen (wenngleich sein Energieverbrauch nicht gerade ökonomisch ist).

KAPITEL 15
Rückblick

EIN JAHR IST SEIT dem Ende meines klösterlichen Lebens im Cottage vergangen. Meist blicke ich schwärmerisch auf die Zeit zurück, die ich fern der Durchschnittsgesellschaft verbracht habe. Deshalb wundert mich die Ungeduld der letzten Monate, die mir in meinem Tagebuch entgegenschlägt. Gleichzeitig spüre ich nach wie vor ich ein Gefühl der Befreiung. Davon zeugt mein erster Eintrag von 2006:

> *Kirkbride, Februar 2006*
>
> *Habe mir den Wecker (!) gestellt, um Ram zu verabschieden, der zu seiner 24-Stunden-Schicht aufbrach. Ging danach wieder ins Bett, schlief aber nicht. Genoss es, zu beobachten, wie das Morgenlicht über den Hügeln des Glen heraufzog und wie sich die Dohlen versammelten. Es ist herrlich, warm und bequem zu liegen und das Erwachen der Welt zu sehen, anstatt in einem Kastenbett eingesperrt zu sein.*

Dieses ungewöhnliche Hochgefühl hält an, so wie meine Freude darüber, an diesem wunderschönen Platz leben zu dürfen, in 22 Jahren nie nachgelassen hat. Doch jetzt weiß ich es noch stärker zu schätzen, wie privilegiert und glücklich mein Dasein ist.

Der zweite Winter nach Beendigung des Experiments brachte mir mit aller Macht die Erinnerung an die kältesten Monate im Cottage zurück:

> *27. Dezember 2006*
>
> *Mein Jahr im 18. Jahrhundert endete vor zwölf Monaten. Habe soeben die Küche betreten. Draußen haben wir Temperaturen um den Gefrierpunkt, es ist trostlos und feucht. Hier ist es warm und gemütlich. Als ich den Warmwasserhahn aufdrehte, kam mir das Hantieren mit dem Kessel im Cottage in den Sinn. Es ist so leicht, die Pastinaken zu schrubben, die ich hereingebracht habe, so leicht, sie zu kochen ohne erst ein Feuer entfachen zu müssen. Wie frostig es im Cottage war! Selbst direkt neben dem Herd war mir kalt. Ich bin unendlich dankbar, im Warmen sein zu dürfen.*

Es ist wunderbar, die Natur draußen zu genießen und ins Haus gehen zu können, wenn es ungemütlich wird.

Ich werde immer noch gefragt, ob ich diese Art zu leben überhaupt vermisse. Was mir nicht fehlt, sind die vielen Schals und Schichten, die ich im Winter tragen musste, um mich vor Regen und Wind zu schützen. Es war furchtbar mühsam, meine durchnässten Röcke und den Saum meines Umhangs trocken zu bekommen. Deshalb ging ich bei Regen kaum vor die Türe. Ich bin davon überzeugt, dass sich meine Vorfahren ähnlich verhalten haben. Ich genieße es in vollen Zügen, ein heißes Bad nehmen zu können und in ein Bett mit Daunendecke und guter Matratze zu schlüpfen. Ich genieße es, Radio hören zu können und eine Opern-CD aufzulegen (lausche momentan dem *Rosenkavalier* von Richard Strauss). Es bereitet mir sogar Vergnügen, ans Telefon zu gehen und E-Mails zu schreiben. Ein Dasein ohne moderne Kommunikationsmittel zählte damals zu den größten Herausforderungen.

Ich muss gestehen, dass ich mich nicht strikt daran gehalten habe. In den ersten Monaten habe ich den Computer nur dazu genutzt, um Artikel zu schreiben und per E-Mail an den *Herald* zu schicken (ich hatte vorgeschlagen, sie handschriftlich einzureichen, da lachten sie nur). Dann musste ich einen Beitrag für ein Magazin verfassen, dafür saß ich über einen Tag lang am Computer. Gleichzeitig musste ich wegen der Ausstellung über die Ernährung in Schottland mit dem Museum kommunizieren. Dann wurden ein paar meiner Freunde verärgert, weil sie einen langen Weg auf sich genommen hatten, um mich zu besuchen und mich nicht zu Hause antrafen. Ich erhielt mürrische E-Mails. Vielleicht war ich gerade im Dorf oder bei einem Nachbarn, als sie da waren. Das tat mir sehr Leid. Ich beschloss, gelegentlich das E-Mail zu nutzen, aber nur, um Verabredungen zu treffen.

Das klingt recht harmlos, erschwerte jedoch den Versuch, ein Lebensgefühl wie im 18. Jahrhundert zu erzeugen, gehörig. In den ersten Wochen war ich von der Außenwelt abgeschnitten. Ich bekam lediglich Post. Ich wusste selten, wer und ob überhaupt jemand auftauchen würde. Ich hatte vor allem ein völlig neues Zeitgefühl. Es war wie ein Ausflug in die Kindheit; die Zeit verging langsamer, weil weniger geschah. Ich wartete auf Wochenenden, an denen Freunde kommen würden. Ich wartete auf den Briefträger. Ich musste mir möglichst viele neue Aktivitäten ausdenken, um die tägliche Langeweile zu bekämpfen. Das änderte sich schlagartig, als sich die Tür zum Cyberspace einen Spalt öffnete. Ich bedaure diesen Kompromiss in mancher Hinsicht, doch er half mir wohl auch, geistig gesund zu bleiben.

Wenn ich widerstanden hätte, hätte ich vielleicht einen besseren Einblick in das Weltbild des 18. Jahrhunderts bekommen. Andererseits las ich ja nicht nur Bücher, die damals kursierten. Ich drückte mich auch vor dem Kirchgang – der einstigen tragenden Säule einer schottischen Dorfgemeinschaft. Es wäre unredlich gewesen, jeden Sonntag dort zu erscheinen, ich bin überzeugte Atheistin und gehe nie in die Kirche, selbst wenn eine um die Ecke ist. Ich bin dankbar, dass wir heute in einer toleranten Gesellschaft leben, in der man nicht zum Gesprächsstoff der Nachbarn wird, wenn man nicht in die Kirche geht. Sich so verhalten zu müssen, wie die Nachbarn es erwarten, erzeugte seinerzeit einen enormen sozialen Druck. Den konnte ich nicht wieder aufleben lassen, genauso wenig, wie ich meine Umwelt dazu bringen konnte, die Zeit um 200 Jahre zurückzudrehen, um mir Gesellschaft zu leisten.

Immerhin las ich die damaligen Zeitungen, die mir Caroline so liebevoll kopiert hatte. Darin ging es um koloniale Belange, um Handel und nur wenig um Politik. Ich habe mich nie vollständig in die Denkweise eines Menschen des 18. Jahrhunderts hin-

Diese ungewöhnliche Felsformation in Inchbonny, Jedburgh, wurde nach dem Naturforscher James Hutton benannt.

einversetzen können. Ich konnte mir auch die Ereignisse des Jahrzehnts nicht merken, zum Beispiel die Eröffnung des Forth-Clyde-Kanals 1790; die Verurteilung des Aufständlers Thomas Muir 1793 oder den Tod von James Hutton 1797 – in meinen Augen passierten diese Dinge aktuell, eben in dem Zeitrahmen, in dem ich gerade lebte. Vermutlich hätte ich sogar Huttons Werk *Theorie der Erde*, das 1785 erschien, nicht gelesen. Das taten wenige, denn Huttons schrieb ziemlich weitschweifig und undurchsichtig. Sein Freund John Playfair (1748–1819) brachte zehn Jahre später eine überarbeitete Fassung heraus, um Huttons Erkenntnisse publik zu machen.

Ich habe auch öfter moderne Transportmittel genutzt, als man nach der Lektüre der vorhergehenden Kapitel glauben könnte. Es stimmt zwar, dass ich den Bus nach Edinburgh nahm, um mein Enkelkind zu sehen (siehe Seite 59). Doch danach gab es immer wieder Verpflichtungen, die mich zwangen, ins Auto zu steigen. Ich musste den Künstler interviewen, über den ich den Magazinbeitrag schrieb. Das führte zu einer Autofahrt nach Perthshire und zu einer Übernachtung bei Freunden. Ich nahm mein archaisches Gewand mit und zog es nach meiner Ankunft an. In diesem Aufzug begrüßte ich die Pensionsgäste meiner Freunde mit einem Knicks an der Tür und sagte: »Die Herrin wird Sie im Obergeschoss empfangen.« Das amüsierte die Gäste zwar, sie ließen sich aber nicht zum Narren halten. Im Laufe des Jahres folgten weitere Reisen. Ich musste nochmals einen Künstler interviewen. Dann wurde meine Schwiegermutter in einem Altersheim in Devon krank. Ich ging sie im März besuchen. Im Juli flog ich mit Ram, Ben, Charlotte und meinem Enkelkind Ru zu ihrem Begräbnis nach Exeter. Im Herbst wurde in London eine Totenmesse für sie gelesen. Diesen familiären Pflichten musste ich einfach nachkommen. Es gab nur ein oder zwei Personen, die der Ansicht waren, ich hätte derart vollständig in die Vergangenheit eintauchen sollen, dass mich diese Dinge nicht berührten.

Wenn ich die Nächte zusammenrechne, die ich insgesamt außerhalb des Cottage verbracht habe, komme ich etwa auf 20. Darunter sind auch jene, die sich durch meinen Besuch bei Ram und Charlotte in Edinburgh ergaben. Einmal fuhr ich für ein Wochenende nach Galloway, dort fand ein Treffen der Arbeitsgruppe für die Wiederaufforstung Schottlands statt. Meine Kollegen freuten sich, mich in meinem Kostüm zu sehen, und befragten mich intensiv über mein einfaches Leben, das letztlich den Grundsätzen der Organisation entspricht. Bis Silvester habe ich genau zwei Tankfüllungen verbraucht. Keine schlechte Bilanz, finde ich, denn Ben und Al haben sich häufig meinen Wagen geliehen.

Das Experiment hat mein Verhältnis zum Autofahren verändert. Ich habe nachgesehen, wie viel Diesel ich vor Projektbeginn brauchte; ich habe alle zwei Wochen vollgetankt. Ich beschloss, diesen Konsum künftig auf die Hälfte zu reduzieren. Jetzt wird streng geprüft, ob die Fahrt wirklich nötig ist, außerdem muss es mehr als einen Anlass dafür geben. Ich nehme Leute mit und lasse mich auch selber von Nachbarn mitnehmen. 2006 habe ich nur zwölfmal vollgetankt. Ich bin 12.000 Kilometer gefahren und habe etwa 643 Liter Diesel verbraucht. Es hätten weniger sein können, doch wegen eines Projektes musste ich mehrmals durch die schottische Borders fahren, was mit öffentlichen Verkehrsmitteln kaum zu machen gewesen wäre.

Ich gehe auf dieses Thema so ausführlich ein, weil die globale Erwärmung ein wirklich ernsthaftes Problem ist. Die frostfreien Wochen und die Stürme im Januar 2007 waren keine Wetterkapriolen oder Teil eines natürlichen Kreislaufs. Das Klima wandelt sich, die Kohlendioxidemission treibt das Thermometer unbarmherzig in die Höhe und wir sind dafür verantwortlich. Der Film *Eine unbequeme Wahrheit* (2006) von Al Gore schildert die Gegebenheiten sehr anschaulich: schmelzende Polkappen, verdörrende Landstriche und erwärmte Weltmeere, deren biologisches Gleichgewicht empfindlich gestört ist. Uns bleiben nur wenige Jahre, um zu handeln. Ein echter Umschwung ist nur durch Maßnahmen der jeweiligen Regierung möglich und da ist es wichtig, mit gutem Beispiel voranzugehen. Und anderen nahezubringen, dass umweltbewusstes Leben nicht nur möglich ist, sondern Spaß macht!

Ich benutze auch kein Flugzeug mehr. Die Luftfahrt ist in hohem Maß Auslöser für den Treibhauseffekt, deshalb war der Flug nach Exeter mein letzter. Natürlich werde ich trotzdem weiterhin reisen. Mein Jahr im Cottage hat mir schmerzhaft bewusst gemacht, was es bedeutet, an einen Ort gebunden zu sein: Es lässt den Geist stagnieren. Es ist ein Geschenk, wenn man nach Belieben mobil sein kann, doch wir nehmen das als etwas Selbstverständliches an. Die Jagd nach Abwechslung ist mittlerweile tief in unserer Psyche verankert. Auch ich spüre das Verlangen, mehr als nur mein Dorf zu Gesicht zu bekommen.

Wenn ich heute nach Edinburgh will, nehme ich den Bus. Nach London reise ich zuerst mit den Bus und dann mit dem Zug. Ich war im Herbst in Frankreich. Bis nach Dover ging es mit dem Zug, danach bestieg ich die Kanalfähre. Die Überfahrt war herrlich nostalgisch, über mir kreisten die Möwen und die Meeresbrise zerzauste mein Haar. Das ist mir tausendmal lieber als irgendein steriler Flughafen oder ein stickiges Flugzeug.

Unsere polaren Eiskappen schmelzen alarmierend rasch.

Umweltschützer behaupten zwar, es sei ökonomischer, mit dem Eurostar von England nach Frankreich zu reisen, doch ich begriff die Überfahrt als Teil meines Urlaubs und wollte sie genießen. Außerdem weiß man nicht, wie lange es die Personenschifffahrt dort noch geben wird.

Es gibt durchaus Dinge, die ich als Verlust empfinde, seitdem mein Experiment vorüber ist, zum Beispiel körperliche Bewegung. Schließlich habe ich jeden Morgen Holz gehackt und es dann in das Cottage getragen. Ich habe eimerweise Wasser über den Hof geschleppt und bin regelmäßig zu Fuß ins Dorf gegangen. Das tue ich heute nur noch selten. Ein fester Bestandteil meines Frühstücks sind allerdings eine große Schale Porridge und Gerstenfladen geworden. Ich musste nun freilich feststellen, dass ich fett werde, wenn ich ständig diese Dinge esse und mich dabei zu wenig bewege. Deshalb habe ich vor einem Jahr beschlossen, meinen allmorgendlichen Spaziergang mit dem Hund auszuweiten. Ich laufe jetzt eine Stunde anstatt einer halben und sorge dafür, dass wir bei unserer Route einen Hügel erklimmen müssen. Da es in dieser Gegend viele Hügel gibt, können wir jeden Tag einen anderen besteigen. Ich bin fitter und sogar mein arthritischer Hund ist weniger steif. Ich verstehe gar nicht, wie die Leute in grässliche Fitness-Studios gehen können, um sich an langweiligen Geräten abzuarbeiten; es muss schwer sein, die nötige Disziplin dafür aufzubringen. Ich sehe aber ein, dass viele Stadtmenschen, die bei ihrem Beruf meist sitzen, keine andere Möglichkeit haben, um ihren Körper in Form zu halten.

Ich fahre auch sehr gerne Fahrrad. Das ermöglicht einen ganz anderen Kontakt zur Natur als hinter der Windschutzscheibe eines Autos zu sitzen. Ich habe sogar während meines Jahrs im Cottage ein paarmal das Fahrrad genommen, wenn ich einen eiligen Brief aufgeben wollte. Einmal wäre mir das beinah zum Verhängnis geworden. Ich brauchte einen Schinkenknochen vom Fleischer, um eine sättigende Brühe zubereiten zu können. Ram und Charlotte hatten ihren Besuch angekündigt. Die Zeit war knapp, also zog ich keine Hosen an, sondern stieg in meinen Unterröcken aufs Fahrrad, hielt sie am Lenker fest und fuhr los. Zum Dorf hin geht es meist bergab, da musste ich wenig treten und die Fahrt verlief glatt. Doch auf dem Rückweg gerieten die Röcke in das Vorderrad und ich segelte unelegant über den Lenker. Ich war nur leicht verletzt und rappelte mich gerade wieder hoch, als Ram und Charlotte im Auto um die Ecke bogen. Ich wurde im Polizeigriff zurück ins Dorf abgeführt und musste einen Fahrradhelm anprobieren, den mein netter Sohn dann für mich kaufte. Ich musste versprechen, stets den Helm aufzusetzen und nie wieder in den langen Röcken Fahrrad zu fahren!

Durch meine Erfahrung im Cottage ist es für mich nun leichter, Energie zu sparen. Ich habe weniger Lampen eingeschaltet und habe im ganzen Haus energiesparende Glühbirnen installiert. Die mit Öl betriebene Zentralheizung wird nur in Betrieb gesetzt, wenn ich Gäste habe. Ich habe den Dachboden stärker isoliert und die Fenster professionell abdichten lassen. Dadurch bleibt die Wärme des Rayburn-Ofens in der Küche besser erhalten. Der Ofen wird leider auch mit Öl betrieben, aber ich kann ihn auf sehr niedriger Stufe laufen lassen und es ist trotzdem wesentlich behaglicher als damals im Cottage. Im Sommer werde ich ihn ausschalten und mit Propangas kochen. Ich habe jetzt ein Solarmodul, das mich mit Warmwasser versorgen wird. Mein Jahr im 18. Jahrhundert hat mich abgehärtet, ich trage schlicht mehrere Schichten übereinander, wenn ich dasitze und schreibe. Ansonsten setze ich mich nicht allzu vielen Unannehmlichkeiten aus. Die Waschmaschine nutze ich dankbar, das Waschen von Hand wurde in den letzten Monaten meines Experiments mehr und mehr zur Qual. Einzelne Flecken entferne ich separat per Hand, damit die Maschine nicht so oft laufen muss. Bis jetzt hat sich noch niemand beschwert, dass ich muffig rieche.

Auch meine Ernährung hat sich verändert. Ich habe gelernt, alles zu verwerten, was ich kultiviere oder was man in der Natur sammeln kann, um so wenig wie möglich einzukaufen. Milch, Butter, Käse und Speck kaufe nach wie vor. Ich gestatte mir Tomaten aus der Dose (natürlich Bio), doch kein importiertes Gemüse. Paprikaschoten kommen nur auf den Tisch, wenn sie Saison haben. Im Winter gibt es eben weniger Gemüse, die holländische Treibhausware ist ohnehin nicht sonderlich schmackhaft. Bei Fleisch oder Fisch kaufe ich nur heimische Produkte. Trotzdem habe ich nicht das Gefühl, mein Speiseplan sei eintönig.

Was den neuesten Stand der Technik der Moderne angeht, so nutze ich kaum ein Mobiltelefon, geschweige denn eines mit Foto- oder Videofunktion. Ich habe niemals einen Fernseher besessen, deshalb sind Bildschirme, die die halbe Wand einnehmen, an mir vorübergegangen. Aber ich liebe den neuen Laptop, den mir die Jungs so liebevoll als »Abschiedsgeschenk« vom 18. Jahrhundert gekauft haben. Es ist auch toll, Breitbandzugang zu haben, wobei ich finde, dass das Internet in der Hauptsache nützlich ist, um rasch simple Fakten zu ermitteln. Wenn ich bei einer Recherche in die Tiefe gehen will, greife ich zu Büchern. Auch zu solchen, die ich per Internet bestellt habe, das gebe ich zu, doch meine Bibliothek ist ganz ordentlich bestückt. Vor allem der Bestand an Büchern, die sich mit dem Alltagsleben vergangener Zeiten beschäftigen, nimmt stetig zu. Ich werde sicher niemals eine Expertin für die Geschichte der einfachen Leute sein, doch durch mein Experiment habe ich einige Einsichten gewonnen, die auch für andere von Interesse sein könnten.

Das Cottage wirkt nun trostlos, außerdem ist es darin unglaublich kalt. Hin und wieder zeige ich es einem Besucher, ich bin jedes Mal froh, wenn ich es wieder verlassen und die Tür hinter mir zuziehen darf. Mir fällt dann wieder ein, wie ich an einem Winterabend den Hof überquerte, um den Kater aus der Wohnhausküche zu vertreiben. Er protestierte lautstark und starrte mich an, als ich mich selbst ausschloss, um ihm in die Kälte und in die Dunkelheit zu folgen. Ich musste schnell gehen, damit er mich nicht überholte und vor mir ins Cottage flitzte, um in sein begehrtes Kastenbett zu gelangen. Rückblickend kann ich ihn nur allzu gut verstehen, schließlich hatte er sich nicht vorgenommen, wie im 18. Jahrhundert zu leben.

Hat sich das Experiment gelohnt? Auf jeden Fall! Ich habe versucht, so einfach zu leben, wie es die Menschen jahrhundertelang getan haben und wie es die Mehrheit der Weltbevölkerung heute noch tut. Ich habe mir ein paar grundlegende Fertigkeiten angeeignet, die damals überlebenswichtig waren. Ich habe Abstand zu unserer modernen Lebensweise gewonnen und herausgefunden, dass man auf manche Dinge gut verzichten kann. Es fällt mir jetzt leichter, mich umweltfreundlich zu verhalten. Doch wenn mir ein eisiger Winterwind um die Nase weht, bin ich trotz allem froh, dass das Experiment vorüber ist.

Während meiner Vorbereitungen für mein Cottage-Jahr habe ich genau verzeichnet, welche Dinge ich dafür gekauft oder im Voraus gemacht habe. Ich habe auch sämtliche Ausgaben notiert, die im Laufe des Jahres anfielen, sowie alle Geschenke, die meine Gäste mitgebracht haben. Meine Aufzeichnungen geben in erster Linie wieder, wie ich mich und meine Besucher ernährt habe.

Für Nahrung zu sorgen stellte harte Arbeit unter schwierigen Bedingungen dar. Erstens hatte ich nur eine Herdstelle, doch keinen Backofen. Das bedeutete, ich konnte nur mit einem Topf, einer Bratpfanne und einem Blech kochen. Der Herd hatte zwar einen Ofen, doch den hätte man mit Kohle beheizen müssen, außerdem war er nicht mehr richtig funktionsfähig. Zumindest konnte man darin Speisen warm halten, das war praktisch, wenn ich viele Gäste hatte.

Zweitens habe ich extrem wenige Lebensmittel gekauft und das meiste selbst angebaut. Dabei habe ich selbstverständlich versucht, lediglich jenes Gemüse und Obst zu kultivieren, das die Menschen in dieser Dekade des 18. Jahrhunderts üblicherweise in ihrem Garten hatten. Ich musste etliche alte Samenkataloge und Kochbücher studieren, um herauszufinden, was man zu jener Zeit kultiviert und gegessen hat. Da ich mich dagegen entschieden hatte, eine Ziege zu halten, war ich gezwungen, Milchprodukte zu kaufen. Milch, Butter und Käse mussten in »meinem« Dorf Innerleithen besorgt werden, was mit einem Fußmarsch von insgesamt acht Kilometern verbunden war, den ich in meinem Bericht mehrmals erwähne. Mein Budget war knapp, damalige Luxusgüter wie Zitronen oder Speck gab es eher selten, Gewürze wurden in sehr kleinen Mengen nachgekauft, wenn ich sie benötigte. Einmal erstand ich einen Bückling, Besucher haben mir auch welche mitgebracht, diese Fischart kam einst wahrscheinlich häufig auf den Tisch. Mit dem Fleisch habe ich Glück gehabt, irgendwie kam ich im Schnitt einmal pro Woche in den Genuss davon. Mein Sohn schoss Fasane und örtliche Wilderer legten mir mehr als einmal Kaninchen oder Fasane vor die Tür. Rehfleisch erhielt ich insgesamt zweimal von der Arbeitsgruppe für die Wiederaufforstung Schottlands, die sich unter anderem auch darum kümmert, dass der Wildverbiss nicht überhandnimmt. Die jungen Rehe waren eine willkommene Bereicherung meines Speiseplans.

Eine weitere Einschränkung war, dass ich die Zubereitungsweise des 18. Jahrhunderts genau einhalten wollte. Viele Rezepte, die als »traditionell« bezeichnet werden,

ich war glücklich, ...ach dem Jahr ...ndlich wieder ...maten ziehen ... können!

wurden im 19. Jahrhundert stark abgewandelt. Die Gerstenfladen, die in Orkney viel verkauft werden, enthalten beispielsweise Natron, dieses Industrieprodukt war um 1790 noch unbekannt. Triebmittel wie Backpulver wurden erst ab Mitte des 19. Jahrhunderts verwendet. Der britische Chemiker Alfred Bird erfand das Backpulver erst 1843, weil seine Ehefrau Elizabeth gegen Hefe allergisch war, dem bis dahin üblichen Triebmittel für Brote und Gebäck. Ich habe meine Fladen ohne Natron zubereitet, sie gerieten zwar etwas flacher als die moderne Variante, schmecken meiner Ansicht nach aber besser. Etwas schwieriger gestaltet sich die Zubereitung von Drop Scones und ähnlichen Köstlichkeiten ohne Triebmittel, das Backwerk wird etwas zäh und geht natürlich nicht auf. Ich gestehe, dass ich da ein wenig geschummelt habe, ich setzte unangekündigten Gästen häufig Küchlein vor, die aus Gerstenmehl, Milch, Eiern, einer Spur Zucker und einem heimlichen Teelöffel Natron bestanden.

Eine Garmethode, die in Schottlands Küchen auf eine lange Tradition zurückblickt, ist das Schmoren und lange Kochen von Gemüse, Fleisch und Suppen. Das ist wirklich authentisch. Das konnte ich auf meinem Herd mühelos bewerkstelligen und ich war in dieser Hinsicht deshalb kaum eingeschränkt. Ich konnte fast alles kochen, was ich wollte, trotz der Tatsache, dass ich nicht über einen Backofen verfügte.

Vor der Einführung von Kartoffeln bestand das wichtigste Grundnahrungsmittel jener Zeit aus verschiedenen Schrotmehlen. Es wurden enorme Mengen davon verzehrt und die Jahresrationen, die man im 18. Jahrhundert für einzelne Familienmitglieder ansetzte, erstaunen mich immer wieder aufs Neue. Für ein Kind rechnete man 75 Kilogramm, für eine Frau das Vierfache und für einen Mann das Sechsfache. Ich habe täglich höchstens 60 Gramm Haferflocken für mein Porridge und 120 Gramm Gerstenmehl für die Fladen verbraucht. Hinzu kamen noch 60 Gramm Gerste oder Haferflocken für meine Brühe, das ergibt insgesamt etwa 240 Gramm pro Tag und rund 100 Kilo im ganzen Jahr. Offensichtlich aß man drei- oder viermal am Tag Gerichte, die mit geschroteten Mehlen zubereiten waren. Das deutet stark darauf hin, dass es fast keine anderen Lebensmittel gab, die als Grundnahrungsmittel dienten.

Aufgrund dieser Berechnungen wollte ich unbedingt den Energiewert meiner Nahrung ermitteln. Meine tägliche Ration an Gerste und Hafer belief sich auf ungefähr 800 Kalorien. Wenn ich zusätzlich noch eine gute Portion Kartoffeln aß, ergaben das weitere 200 Kalorien. Nochmals 200 Kalorien kamen durch Milchprodukte, Gemüse und Früchte der Saison hinzu. Offenbar habe ich pro Tag nicht mehr als 1500 Kalorien zu mir genommen. Das würde auch erklären, warum ich so stark abgenommen habe, die derzeit empfohlene Tagesmenge Kalorien für eine Frau liegt bei 1940 Kalorien. Eine Frau im 18. Jahrhundert, die über das Jahr hunderte Kilo Schrotmehle verzehrte, wäre auf 2400 Kalorien gekommen (je nach Hafer- oder Gersteanteil), dabei sind zusätzliche Extras wie Milch, Käse, Butter oder andere tierische Fette, Eier, Grünkohl, Zwiebeln und das gelegentliche Stück Fleisch oder Fisch noch nicht miteingerechnet. Man muss den ganzen Tag über körperlich schwer arbeiten, um 2400 Kalorien zu verbrennen, und soweit wir wissen, tat man das auch. Ich habe auf keinem einzigen Bild aus jener Zeit einen dicken Menschen gesehen. Die angegebenen Mehlrationen für Männer halte ich allerdings für unwahrscheinlich. Ich vermute eher, dass die Menge so großzügig berechnet war, weil man heranwachsende Kinder, die mehr als den ihnen zugewiesenen Teil aßen, miteinkalkulierte. Eventuell auch Besucher, Hunde oder sogar Geflügel. Dem Familienoberhaupt stand eben die größte Menge zu.

Vor Beginn meines Experiments kaufte ich das benötigte Hafer- und Schrotmehl, und zwar die Menge, die einem Schulmeister damals zugewiesen wurde. Ich erwarb es in der mit Wasser betriebenen Steinmühle in Golspie in Sutherland. Ursprünglich hatte ich drei Säcke Hafer- und Gerstenmehl à 25 Kilogramm bestellt, also insgesamt 75 Kilogramm. Wenn man meine Berechnungen auf der nebenstehenden Seite betrachtet, scheint das für eine einzelne Person sehr viel zu sein. Doch in Wirklichkeit reichte es nicht, denn ich hatte ja das ganze Jahr über viele Gäste, die ich satt bekommen musste. Glücklicherweise fährt Innes Miller, ein lieber Freund von mir, regelmäßig nach Caithness und kommt dabei an der Mühle vorbei. Er brachte mir Nachschub. Letzten Endes habe ich mehr als zwei 25-Kilo-Säcke Gerstenmehl und drei 25-Kilo-Säcke Hafermehl (grobes und feines) verbraucht. Wobei vom groben Hafermehl noch etwas übrig war. Zwei Jahre, nachdem ich das Mehl gekauft hatte, wurde es von Insekten befallen und ich habe es an die Hühner verfüttert.

Meine Jahresration Schrotmehl

Hafer (Flocken und Mehl): 75 kg
Gerstenmehl: 50 kg
Erbsenmehl: kleine Menge

Früchte & Nüsse aus dem Garten

Rhabarber
Äpfel (10 Sorten)
Erdbeeren
Birnen (2 Sorten)
Stachelbeeren
Pflaumen (3 Sorten)
Himbeeren
Haselnüsse
schwarze Johannis-
  beeren
rote Johannisbeeren

Gemüse aus dem Garten

Zwiebeln
Spinat
Lauch
Kürbis
  (2 Sorten)
Knoblauch
Salat (3 Sorten)
Pastinaken
Rucola
Karotten
Erbsen
Steckrüben

Erbsen zum
  Trocknen
weiße Rüben
Bohnen
Grünkohl
Radieschen
Kohl (3 Sorten)
Gurken
dicke Bohnen
Rote Bete
grüne Bohnen
Kartoffeln
  (6 Sorten)

Kräuter aus dem Garten

Thymian
Kümmel
Majoran
Kamille
Minze
Fenchel
Salbei
Dill
Schnittlauch

GESAMMELT

Brennnesseln
Bärlauch
Majoran
Sauerampfer
Flötenkraut
Lauchhederich
　für Salate
Weißdorn
　für Salate

Haselnüsse
Heidelbeeren
Himbeeren
Brombeeren
Holunderblüten
Holunderbeeren
Holzäpfel

Fleisch & Fisch

Fasane:
　etwa 10
Lachs: 1
Kaninchen:
　etwa 8
Forellen: 10
Hase: 1

Hühner: 2
Rehe: 2 kleine
Eier: 6 Stück
　pro Woche
Wildschwein:
　2 Koteletts

GEKAUFT

Käse: 250 g pro Woche
Milch: 2 l pro Woche
Butter: 250 g alle
　2 Wochen
Speck: 250 g im Monat
Zitronen: etwa 1 pro
　Woche
Zucker: 4 kg im ganzen
　Jahr (meist für Wein)

Zimt, Muskatnuss,
　Ingwer, Muskatblüte:
　kleine Mengen
Grütze: 2 kg
Graupen: 4 kg
2 Kaninchen für mein
　Geburtstagsessen

Schafinnereien für die
　Burns Night
1 Bückling
Salzheringe für den
　Heiligen Abend

Kulinarische Mitbringsel meiner Freunde

6 Bücklinge
10 Forellen
2 Makrelen
2 Räucherforellen
1 geräucherter
　Schellfisch
4 kg Honig (manchmal im
　Tausch gegen Eier)
7 Brote
1,5 kg Käse

250 g Sahne
3 Gläser Chutney
5 Gläser Konfitüre
1 Glas eingelegter Ingwer
4 Kaninchen
3 Fasane
2 Wildschweinkotellets
2 kleine Rehe
1 Seite Parmaschinken
5 Kuchen

2 Packungen Kakao
Orangen
Zitronen
1 Ananas
viele Flaschen Wein
1 Flasche selbst gem
　ter Met (sehr gut!)
1 Flasche Madeira

SAISONALE MENÜS

Ich habe das ganze Jahr über Porridge, Grütze, Fladen und
Haferkuchen gegessen sowie getrocknete Früchte vom Vorjahr.
Doch ein Großteil meiner Nahrung war saisonal.

FRÜHLING:
Brennnesselsuppe (Seite 71)
Sauerampfersuppe (Seite 71)
Bärlauchpaste (Seite 73)
Spinat mit Eiern (Seite 79)
Bratkartoffeln & Kartoffelgerichte
Geschmortes Wurzelgemüse
Gerichte mit Trockenerbsen- und
  bohnen
Wildkräutersalate & Rucola
Brokkoli
Rhabarber
Getrocknete Apfelringe & Pflaumen

SOMMER:
Einfache Brühe (Seite 65)
Spinatsuppe (wie Sauerampfersuppe,
  siehe Seite 71)
Hotchpotch (Seite 56)
Forelle in Tonerde gegart (Seite 127)
Geschmortes Kaninchen (Seite 81)
Eier
Grütze
Erbsen & dicke Bohnen
Geschmortes Sommergemüse
Neue Kartoffeln
Rote Bete
Buschbohnen
Eiercreme mit
  Dörrpflaumen (Seite 81)
Johannisbeermus (Seite 132)
Hafercreme (Cranachan, Seite 141)
Salate
Pflaumen

HERBST:
Lauch-Kartoffel-Suppe
  (Seite 168)
Wildsuppe (Seite 167)
Geschmorter Fasan (Seite 165)
Schottischer Fasan (Seite 165)
Geschmortes Wurzel-
  gemüse (Seite 54)
Gerichte mit Steckrüben oder
  Lauch
Rote Bete
Kürbis
Kartoffelgerichte
Brom- & Heidelbeeren
Äpfel & Birnen
Eier

WINTER:
Schottische Fleisch-
  brühe (Seite 171)
Hühnersuppe mit Lauch
  (Cockyleekie, Seite 170)
Rumbledethumps (Seite 53)
Erbsensuppe (Seite 136)
Hirschkeule (Seite 195)
Gerichte mit Wurzelgemüse & Kohl
  Rotkohlgerichte
Lauchgerichte
Kartoffelgerichte
Trockenbohnen-Gemüse-Gerichte
Steckrüben
Bratäpfel (Seite 193)
Haferpudding (Seite 196)
Dörrpflaumen

✠ WAS ES GEKOSTET HAT ✠

LEBENSMITTEL

Milchprodukte	€ 290,–
Speck	€ 27,–
Speckseiten für Brühe	€ 10,–
Schafinnereien	€ 10,28
Bücklinge	€ 12,98
Zucker	€ 15,–
Honig	€ 24,48
Salz	€ 2,16
Graupen	€ 6,68
Trockenerbsen	€ 1,22
Trockenbohnen	€ 3,76
Tee	€ 9,50
Kaffee	€ 5,80
Zitronen	€ 10,–
Äpfel	€ 37,87
Summe Lebensmittel	**€ 466,73**

(im Schnitt € 9 pro Woche)

GESCHROTETE MEHLE

Gerstenmehl: 1 Sack	€ 49,77
Hafermehl: 1 Sack	€ 34,77
Erbsenmehl	€ 3,31
Summe Mehle	**€ 87,85**

HÜHNERFUTTER .... € 27,–

SAMEN ZUM AUSSÄEN

Normales Gemüse	€ 47,88
Alte Kultursorten	€ 20,50
Summe Samen	**€ 68,38**

HAUSHALT

8 Packungen à 50 Kerzen	€ 25,97
(Rest habe ich selbst gemacht)	
Seife	€ 5,41
Summe Haushalt	**€ 31,38**

KLEIDUNG

Musselin	€ 7,46
Batist	€ 43,18
Seihtuch für Lappen	€ 12,59
Lochstickerei	€ 12,98
Schuhe	€ 129,86
(Holz- & Hausschuhe)	
Summe Kleidung	**€ 206,07**

SCHREIBPAPIER .... € 31,38

BRIEFMARKEN .... € 198,69

BUS-TICKETS .... € 254,86

(etwa alle 2 Wochen eine Fahrt)

GESAMTSUMME .... **€ 1.372,34**

Durchschnittliche Kosten
pro Woche: .... € 26,39

Ein Schulmeister in Schottland erhielt in den 1790ern ein Jahresgehalt von 20 Pfund Sterling. Das entspricht heute rund 1400 €, also etwa 27 € pro Woche.

ANHANG
Verwendete Literatur, Danksagung, Fotonachweis & Register

VERWENDETE LITERATUR

Nachfolgend sind nur ein paar jener Werke genannt, die dem interessierten Leser einen Einblick in die Welt des 18. Jahrhunderts gewähren. Sie liegen sämtlich leider nur in englischer Sprache vor. Manches ist derzeit nur antiquarisch oder in Bibliotheken zu bekommen.

Der »First Statistical Account«, den ich häufig als Quellenangabe erwähne, habe ich in einer Bibliothek in Edinburgh eingesehen.

QUELLEN

Elizabeth Grant of Rothiemurchus, *Memoirs of a Highland Lady*, Edinburgh 2006.

Dorothy Wordsworth, *Recollections of a Tour made in Scotland*, London 1997.

John Galt, *Annals of the Parish*, Edinburgh 1994 (ist zwar ein Roman, aber zeitgenössisch).

ALLGEMEINE LITERATUR

Maisie Steven, *Parish Life in Eighteenth-Century Scotland*, Scottish Cultural Press 2002.

Marjorie Plant, *The Domestic Life of Scotland in the Eighteenth Century*, Edinburgh 1952.

I. F. Grant, *Highland Folk Ways*, London 1975.

ERNÄHRUNG UND KOCHEN

F. Marian McNeill, _The Scots Kitchen_, London 2004.

Elizabeth Cleland, _New and Easy Method of Cookery_, Edinburgh 1755. (Faes. Exeter 2005)

Annette Hope, _A Caledonian Feast_, Edinburgh 2002.

Catherine Brown, _Feeding Scotland_, Edinburgh 1994.

Felicity Lawrence, _Not on the Label_, London 2004.

GARTEN

Mackintosh, William, _An Essay on the means for Inclosing, Fallowing and Planting, etc._, Scotland, Edinburgh 1792

William Milliken and Sam Bridgewater, _Flora Celtica_, Birlinn, 2004.

Tess Darwin, _The Scots Herbal_, London 2006.

DANKSAGUNG

Es gibt sehr viele Menschen, die mich während meines Cottage-Jahres mit ihrer Begeisterung und praktischen Ratschlägen unterstützt haben. Ohne ihren Beistand hätte ich das Experiment wohl nicht durchgehalten.

Zuallererst möchte ich Patrick Cave-Browne danken, der mein Projekt wirklich ernst genommen hat und der dafür sorgte, dass ich über alle Arbeitsgeräte verfügte, die ich brauchte. Patrick hat mir viel beigebracht, seine regelmäßigen Besuche mit seiner Frau Mary waren eine enorme Stütze für mich. John Behm bin ich für seine liebevolle Instandsetzung des Cottage unendlich dankbar. Es war immer schön, wenn er, seine Frau Rachael und der kleine Mungo bei mir waren. Ich werde es John niemals vergessen, dass er für mich sang, um mein Bedürfnis nach Musik zu erfüllen, obwohl sein Gesicht nach einem schlimmen Autounfall völlig zerschunden war.

Dann möchte ich all meinen Nachbarn und Freunden danken, die eine Zeitreisende so großzügig in ihrer Mitte aufgenommen haben und an deren Herd ich mich wärmen durfte, wenn ich aus dem kalten Cottage floh. Sie haben mir unzählige Male geholfen, vor allem Peter Lee, der mir seinen gesamten Bauholzvorrat schenkte, und Brian Malcolm, der mir regelmäßig Kienspäne vorbeibrachte. Ann und Bill Goodburn hatten freundlicherweise stets Feuerholz dabei, wenn sie mich besuchten. Helen Douglas hat gespürt, dass ich Gesellschaft abends besonders nötig hatte. Sie war es, die oft nach Einbruch der Dunkelheit auftauchte, mit einem köstlichen Glas Honig in der Hand. Eine wichtige Rolle spielte auch Innes Miller. Er war mein Fuhrmann, der das Schrotmehl von Sutherland (wo er regelmäßig hinfährt) über viele Meilen bis zu mir transportierte. Darüber hinaus gab es unendlich viele Menschen, die weite Wege auf sich genommen haben, um mich zu besuchen. Ihr Kommen hat dafür gesorgt, dass ich nicht aufgab.

Es gibt noch vier weitere Personen, denen ich für ihre moralische und praktische Unterstützung danken möchte: Sam Wade, der so wichtige Dinge tat wie meinen Wasserkessel auszubessern und meinen Türriegel zu reparieren. Charlie Poulsen war stets zur Stelle, wenn ich ein Paar zusätzliche Hände brauchte. Martin Murphy hat sich ganz wunderbar um die Schäden an meinem Wohnhaus gekümmert, die entstanden waren, als ich während meines Cottage-Jahres andere Pflichten vernachlässigte. Schließlich möchte ich noch Liz Findlay danken, die mehrmals vorbeikam, um herrliche Fotos zu machen.

Zum Schluss möchte ich meiner Familie danken: Ram & Charlotte, Ben & Cal sowie Gaie & Toby, die meine Exzentrik ertragen haben und mich die ganze Zeit liebevoll unterstützt haben – sei es beim Fertigstellen des Cottage oder bei der Organisation der Abschiedsparty. Diese Liste wäre nicht vollständig, wenn ich nicht noch Stephanie Wolfe-Murray erwähnen würde, die mich dazu ermuntert hat, einen Verlag zu suchen, und die meinen Text redigiert hat. Mein Dank gilt schließlich auch Sara Hunt und ihrem Team von Saraband, weil sie das Buch so großzügig ausgestattet und in seine Entstehung so viel Energie und Enthusiasmus gesteckt haben.

F. J. H., Innerleithen, Dezember 2008

FOTONACHWEIS

Abkürzungen: r = rechts; l = links; o = oben;
u = unten; M = Mitte

© John Behm: 103;

© Malcolm Benzie: 19 r, 26 l, 33, 34 l, 35 u, 36, 41 u, 50 u, 51, 90 r, 146 l, 148, 167 M, 169, 171, 174, 177;

© Liz Finlay: 16 r, 24, 47 r, 54, 56, 72, 87, 146 r, 160 l, 162, 167 o, 181;

© Nick Hayes: 39 r, 41 o, 41 or, 66 ul, 75, 77 l, 91, 153 or, 188;

© Herald & Evening Times (Glasgow) Bildarchiv: 102, 116-17, 131, Vorderseite;

© Sara Hunt: 4, 6, 9 l, 11, 12, 13, 14, 20, 23 r, 28 ul, 31 l, 34 r, 35 o, 38 r, 39 l, 40, 44, 55, 62 l, 65 M, 66 ur, 69, 71, 74, 81 o, 86 o, 88 l, 92, 95 o, 106, 111, 112 ul, 112 ur, 115 r, 119 l, 120, 133 l, 134, 138, 139, 140, 144 r, 145 l, 149 ul, 151 o, 151 l, 154 ul, 154 o, 164 u, 166 l, 168 o, 172 ul, 172 ur, 178, 180 r, 184, 186, 187 M, 187 r, 193 o, 196 r, 197, 198, 201;

© Nick James: 52, 66 o, 185 u;

© Jupiter Images 9 r, 38 l, 50 o, 65 l, 81 o, 105, 125 l, 128 ul, 128 M, 128 o, 133 o, 142 o, 142 ur, 145 r, 164 o, 165, 185 o, 191, 205;

© Peter Murray: 61, 127, 162 l;

© John O'Neill: 41 M, 49, 50 r, 65 o, 70, 72 o, 73, 76, 77 r, 78, 79 u, 82, 84, 88 r, 88 ur, 93 l, 95 ur, 95 ul, 96 o, 114, 115 l, 123 r, 125 r, 133 Mr, 144 M, 149 ol, 149 or, 151 ur, 172 o, 175, 177 l, 187 l, 192 l, 194, 196 l;

© Liz Small: 81 u, 85, 119 M, 137, 149 ur, 182 l;

© Debbie White: 16, 18, 19 l, 21, 22, 24-25 (Zeichnungen), 26 r, 27, 28 o, 30, 31 r, 36 l, 45, 47 l, 48, 60, 62 M, 62 r, 65 ur, 81 l, 93 r, 99, 104 u, 110, 119 r, 122, 123 l, 124, 128 Ml, 128 Mr, 128 ur, 135 l, 142 ul, 144 l, 152, 153 r, 153 ul, 154 ur, 157, 159, 166 r, 168 u, 172 M, 180 l, 209.

© www.sxc.hu: Buchrücken

Alle zeitgenössischen Holzstiche sind von Thomas Bewick.
Alle nicht angeführten Bilder stammen aus der Privatsammlung der Autorin.

৯১ REGISTER ৯১

Die Originalausgabe erschien 2009 unter dem Titel
The Garden Cottage Diaries. My Year in the Eighteenth Century
bei Saraband (Scotland) Limited, Suite 202, 98 Woodlands Road, Scotland
Copyright © 2009 Fiona J. Houston and Saraband (Scotland) Ltd
Lektorat: Sara Hunt
Layout: Deborah White

Deutsche Ausgabe Copyright © 2010 Gerstenberg Verlag, Hildesheim
Alle deutschen Rechte vorbehalten
Druck und Bindung: Westermann Druck Zwickau GmbH
ISBN: 978-3-8369-2614-0